AF546097

Giorgio Vasari

Das Leben des Brunelleschi und des Alberti

*Filippo Brunelleschi: Modell der Laterne des Florentiner Doms, 1434–1436.
Florenz, Museo dell'Opera del Duomo*

GIORGIO VASARI

DAS LEBEN DES BRUNELLESCHI UND DES ALBERTI

Neu ins Deutsche übersetzt von Victoria Lorini
Herausgegeben, kommentiert und eingeleitet
von Matteo Burioni

Verlag Klaus Wagenbach Berlin

Zu dieser Neuausgabe

Kaum ein anderes literarisches Werk hat auf die Kunstgeschichtsschreibung folgender Generationen einen so nachhaltigen Einfluß ausgeübt wie die von Giorgio Vasari (1511–1574) verfaßten und erstmals 1550 im Druck erschienenen *Lebensbeschreibungen der berühmtesten Maler, Bildhauer und Architekten*, die achtzehn Jahre später in einer revidierten und erweiterten Fassung noch einmal herausgegeben wurden. Heute ist das Hauptwerk Vasaris vor allem unter dem Titel *Le vite* bekannt.

Vasaris Text wurde in der Fassung von 1568 (nach der kritischen Ausgabe von Rosanna Bettarini und Paola Barocchi) neu übersetzt – textgetreu, ungekürzt und vollständig auch da, wo Vasari sich zu wiederholen scheint.

Eine Einführung stellt die jeweilige Künstlervita vor. Der Anmerkungsapparat behandelt nicht nur die jeweiligen kunsthistorischen, literarischen und zeitgeschichtlichen Aspekte auf neuestem wissenschaftlichem Stand, sondern benennt auch die heutigen Standorte (und Zustände) der Kunstwerke, die wichtigsten Abweichungen gegenüber der ersten Ausgabe der *Vite* sowie die uns heute bekannten Lebensdaten des Künstlers. Jeder Band enthält außerdem Abbildungen der wichtigsten Kunstwerke, die von Vasari erwähnt wurden.

Herausgegeben von Alessandro Nova
mit Matteo Burioni, Katja Burzer, Sabine Feser
und Hana Gründler

Inhalt

Anhang

Einleitung zum Leben des Filippo Brunelleschi

Die Lebensbeschreibung des Filippo Brunelleschi ist ein literarischer wie kunsthistorischer Höhepunkt der gesamten *Vite*. Vasari stand hier vor einer besonderen Herausforderung, da kein anderer Künstler vor 1550 einen solchen literarischen Nachruhm aufzuweisen hatte wie der berühmte Baumeister der Florentiner Domkuppel.

Schon zu seinen Lebzeiten wurde der Architekt in literarischen Zirkeln erwähnt, angegriffen und gefeiert.[1] Seinen literarischen Ruhm begründete offenbar ein Streich, den er dem Holzschnitzer Manetto Ammannatini spielte, indem er ihn glauben machte, nicht er selbst, sondern ein gewisser Matteo zu sein. In der Plautus' *Amphitruo* nachgebildeten Geschichte tritt Brunelleschi als ebenso mächtiger wie gewitzter Patriziersohn auf, der mit Hilfe seiner Freunde und unter Mitwissen von Amtspersonen den leichtgläubigen Holzschnitzer so gründlich davon überzeugt, ein anderer geworden zu sein, daß dieser im Anschluß daran Florenz fluchtartig verläßt und nach Ungarn geht, weil seine soziale Existenz in Trümmern liegt.[2] Die Novelle, die schon zu Lebzeiten Brunelleschis ab 1437 in schriftlicher Form zirkulierte und sich großer Beliebtheit erfreute, wie die zahlreichen erhaltenen Manuskripte beweisen, beschreibt den Architekten als Ingenieur des politischen Gemeinwesens, der *ad libitum* die Identität eines angesehenen Bürgers vertauschen kann. Als der Gelehrte und Dantekommentator Antonio di Tuccio Manetti zwischen 1480 und 1487 Brunelleschis Vita verfaßte – wohl die erste Künstlerbiographie der Neuzeit –, sammelte er akribisch Archivdokumente und mündliche Nachrichten, auf die Vasari vielfach zurückgreifen sollte. Obwohl Manettis Darstellung also einen hohen dokumentarischen Anspruch hatte und in vielem verläßlich informierte, streute er Anekdoten in seinen Erzählfluß ein, um das Bild Brunelleschis als Baumeister des Sozialen zu konturieren: So bootet Brunelleschi seinen Kompagnon Ghiberti mittels einer vorgetäuschten Krankheit aus und tritt gegenüber den Bauarbeitern als frühkapitalistischer Unternehmer auf, der durch Aussperrung übertriebene Lohnforderungen abwiegelt. Diese novellistischen Pointen, die Vasari von Manetti oft wörtlich übernahm, charakterisieren den Künstler aber nicht als subversiven Außenseiter der Gesellschaft wie noch in der Novellen-Tradition des Trecento. Vielmehr wird der Künstler hier zu einer Autoritätsfigur, der die Entscheidungsfindung und die Kooptationsverfahren der Florentiner Republik einem Fürsten gleich unterläuft und nur so das unmögliche Unterfangen des Kuppelbaus vollbringt.[3] Schon Jacob Burckhardt sprach hier treffend von einem »Sieg des Genius über die Besserwisser«.[4] Wenn sich also Architekten von Gianlorenzo Bernini bis Le Corbusier und von Frank O. Gehry bis Herzog & de Meuron über die Regeln der Zunft und des Gemeinwesens hinwegsetzten, um etwas völlig Neues und Unerhörtes zu wagen, so wandelten sie stets in den Spuren Brunelleschis. Denn in Vasaris Vita des Filippo Brunelleschi findet sich der Architekt als souveräner Einzelkönner und technischer Beglücker des Gemeinwesens vorgebildet.[5]

Nach einer kurzen einführenden Würdigung der Person schreibt Vasari eine ausführliche Baugeschichte der Florentiner Domkuppel, des Hauptwerks des Architekten, die ganz wesentlich den ungeheuren Ruhm dieses Bauwerks begründet hat. So pries sie schon Leon Battista Alberti 1436 im Widmungsschreiben seines Malereitraktats an Brunelleschi:

> Wer könnte aus Härte oder Mißgunst den Architekten Pippo [Brunelleschi] nicht rühmen beim Anblick einer derart großen Konstruktion, die zu den Himmeln hinaufsteigt und groß genug ist, allen toskanischen Völkern Schatten zu spenden, und die ohne Balkengerüst oder eine Unmenge von Holz errichtet wurde? Dies ist ein Kunstwerk, das, wenn ich recht urteile, zu unseren Zeiten ebenso für unmöglich gehalten wurde, wie es vielleicht bei den Alten unvorstellbar und unbekannt war.[6]

Für die Schilderung der Baugeschichte der Domkuppel, und damit für den gesamten ersten Teil der Vita, stellt Antonio di Tuccio Manetti die Hauptquelle dar. Der zweite Teil der Lebensbeschreibung Brunelleschis, der sich wie ein knapper und präziser Œuvrekatalog liest, beruht dagegen vor allem auf dem sogenannten *Libro di Antonio Billi*, einer Florentiner Sammlung von Künstlernachrichten, die von dem Besitzer eines Manuskriptexemplars ihren Namen erhielt. Freunde und Gelehrte der *Accademia Fiorentina* gingen Vasari zur Hand, wobei insbesondere Cosimo Bartoli und Giovanni Battista Gelli zu nennen sind.

Brunelleschi nimmt in den Vite für die Architektur die Rolle ein, die Giotto für die Malerei innehat: die eines Erneuerers und Begründers der Tradition. Laut Manetti besteht Brunelleschis Leistung nicht nur in der Kuppelwölbung, sondern auch in der Einführung des Antikenstudiums, der Wiederentdeckung der antiken Säulenordnungen und der Erfindung der Perspektive. Während erstere Leistung – von wichtigen Korrekturen abgesehen – unbestritten ist, gilt es heute durchaus als fraglich, ob Brunelleschi als Ursprungsfigur für die neuzeitliche Ordnungsarchitektur, für die antiquarischen Studien und für die Erneuerung der Perspektive einstehen kann. Zu all diesen Errungenschaften leistete er einen wichtigen Beitrag, jedoch mag die Emphase, mit der er jeweils von Manetti zu ihrem ›Erfinder‹ gemacht wurde, übertrieben sein. Brunelleschi war vor Vasari keineswegs diese Zentralfigur der architekturtheoretischen Diskussion, zu der er in der Folge werden sollte. Sebastiano Serlio hält noch 1537 Bramante für den Erneuerer der Ordnungsarchitektur.[7] Auch erlauben Brunelleschis Bauten nirgends den Schluß, er habe tatsächlich die Ordungsarchitektur ›erfinden‹ wollen. Daß dies im nachhinein so gesehen werden konnte, steht freilich auf einem anderen Blatt. Ganz ähnlich verhält es sich mit dem Antikenstudium: Hier kann detailliert gezeigt werden, daß romanische und gotische Bauten für Brunelleschi ebenso wichtig waren wie die wenigen antiken Gebäude, die er wahrscheinlich studierte. Am wenigsten hinterfragt wurde bisher der durch Manetti in die Welt gesetzte Mythos, er sei der ›Erfinder der Perspektive‹ gewesen. Die Forschung hat

Manettis Ursprungserzählung willig aufgegriffen und gebetsmühlenartig wiederholt. Das ändert freilich nichts daran, daß für diese Nachricht – abgesehen von Manetti – keine unabhängige Bestätigung existiert. Um so mißtrauischer sollte Manettis Darstellung betrachtet werden, da bei ihrer Abfassung ebenso wie später bei Vasari stark patriotische Beweggründe Pate standen. Vermutlich sah sich Manetti durch den Erstdruck des lateinischen Architekturtraktats des Leon Battista Alberti zur Niederschrift seiner Vita veranlaßt. Er wollte offenbar verhindern, daß dem Gelehrten Alberti der Ruhm des Erfinders der neuen Architektur zukam. Ein unvoreingenommener Blick auf Brunelleschi, der ihn europäisch und global in der Zeit um 1400 verortet, anstatt ihn als blutleeres Klischee des Erneuerers der europäischen Tradition erstarren zu lassen, bleibt eine lohnende und bisher nur ansatzweise gelöste Aufgabe.

Die Baugeschichte der Domkuppel ist als literarische Erzählung von besonderem Interesse. Die Tradition solcher Texte reicht von den Kaiserviten des Sueton über die Gebäudebeschreibung des Prokop bis zur legendarischen Beschreibung der Errichtung der Hagia Sophia in Konstantinopel sowie ihrer späteren Ausschmückung unter osmanischer Herrschaft. Außergewöhnlich an der Florentiner Version, die uns Manetti und Vasari überliefert haben, ist, daß hier weder Gott und die Engel noch ein Kaiser oder Fürst die Hauptrolle spielen. Brunelleschi steht in Florenz im Zentrum der Erzählung, die ganz der Würdigung seines außergewöhnlichen Talents gewidmet ist. Dagegen wurde schon öfter darauf hingewiesen, daß er sein anfängliches Kuppelmodell zusammen mit den Bildhauern Donatello und Nanni di Banco einreichte und ihm Lorenzo Ghiberti bis 1437 als Dombaumeister gleichberechtigt zur Seite stand. Auch der Schriftsteller Giovanni da Prato, von dem der einzige erhaltene Entwurf für die Domkuppel überliefert ist und der als Richter in der Novelle des dicken Holzschnitzers porträtiert wurde, spielte eine nicht unbeträchtliche Rolle.[8] Hier Manetti und Vasari blind zu folgen und zu glauben, diese anderen am Kuppelbau beteiligten Personen seien vollkommen unfähig gewesen und ihr Beitrag sei deswegen geringzuschätzen, geht sicher an der Wahrheit vorbei. Welche Kreise der Mythos von der alleinigen Bewältigung der Kuppelwölbung zog, vermag die Tatsache zu erhellen, daß die von Vasari auf Brunelleschi gemünzte Anekdote in der Folge als *Ei des Kolumbus* Berühmheit erlangte. Den zur Beratung hinzugezogenen Kollegen aus ganz Europa stellt Brunelleschi die Frage, ob sie in der Lage seien, ein Ei auf einer Tischplatte zum Stehen zu bringen. Nach dem erfolglosen Versuch seiner Kollegen habe Brunelleschi das Ei auf die Tischplatte geschlagen, so daß es leicht eingedrückt gestanden habe. Diese Anekdote, die erstmals bei Vasari auftaucht, scheint der berühmten Geschichte von Giottos O nachgebildet.[9] Hier wie dort wird der Künstler nach einer Probe seines Könnens gefragt, hier wie dort antwortet er mit einem paradoxen Kunstgriff, der zugleich sein Können zeigt und die Fragenden bloßstellt. Daß dieses Lob der Erfindungskraft auf die Atlantiküberquerung übertragen werden konnte, zeigt zudem, daß mit dem Ei zugleich der Kosmos mitklang und die Lösung eines Problems von Grund auf, lateinisch *ab ovo*, gemeint war. Die posthume Ehrung Brunelleschis durch das Begräbnis und Ehrenmal im Florentiner Dom wird ebenso wie die Vita Manettis oft als Beginn des Künstler- und Architektenruhms gewertet. Auf der anderen Seite hatten schon lange vor Brunelleschi Architekten der Gotik ruhmvolle Grabmäler erhalten, etwa Hans von Burghausen, der in Landshut mit Grabmal und Bauinschrift geehrt wurde.[10]

Mag also die Grundannahme der Darstellung Vasaris kaum glaubhaft sein, ist die literarische und historiographische Bedeutung der Vita im Gesamtwerk der Lebensläufe doch unvergleichlich, nimmt man einmal die Vita Michelangelos aus, die jedoch in vielen Aspekten auf Motive der Lebensbeschreibung Brunelleschis zurückgeht.

Mit der Vita Filippo Brunelleschis hat uns Vasari eine spannend zu lesende und höchst amüsante Erzählung hinterlassen, die bis auf den heutigen Tag nichts von ihrer faszinierenden Wirkung eingebüßt hat.

MB

Porträtholzschnitt aus der zweiten Ausgabe der ›Vite‹ von 1568

Giorgio Vasari
Das Leben des Bildhauers und Architekten Filippo Brunelleschi

Vita di Filippo Brunelleschi. Scultore et architetto (1568)

Viele hat die Natur klein an Wuchs und mit unbedeutenden Zügen geschaffen, deren Verstand aber vor Großartigem überbordet und die nie im Leben zur Ruhe kommen, wenn sie mit der maßlosen, ungeheuren Kraft ihres Herzens nicht schwierige oder nahezu unmögliche Unternehmungen in Angriff nehmen und sie zum Staunen derjenigen, die Zeuge davon sind, zum Abschluß bringen. Und welche Werke auch immer ihnen die Gelegenheit in die Hände spielt, so gewöhnlich und unbedeutend sie auch sein mögen, verleihen sie ihnen Bedeutung und Größe. Man sollte deshalb niemals die Nase rümpfen, wenn man auf Menschen trifft, deren Aussehen nicht jene unmittelbare Grazie oder Anmut zeigt, welche die Natur einem Kunstschaffenden bei der Geburt eigentlich mitgeben müßte, weil sich unter den Schollen der Erde zweifellos Adern voll Gold verbergen.[1] Häufig wohnt den schmächtigsten Gestalten eine solche Großzügigkeit des Geistes und Aufrichtigkeit des Herzens inne, daß man sich, da sie mit Adel einhergehen, von ihnen nur die größten Wunderdinge erhoffen darf, weil sie mit Macht versuchen, die Häßlichkeit des Körpers durch die Vorzüge des Geistes zu verschönern. Deutlich zu sehen war dies bei Filippo di Ser Brunelleschi,[2] der ein genauso schmächtiges Männlein war wie Messer Forese da Rabatta[3] und Giotto,[4] aber einen derart erhabenen Geist besaß, daß man wohl sagen darf, der Himmel hat ihn uns geschickt, um der jahrhundertelang verloren geglaubten Architektur zu neuer Form zu verhelfen. Für sie hatten die Menschen jener Zeit ganze Vermögen mit dem Errichten von Bauwerken verschwendet, die ordnungslos, mit schlechter Methode, tristem *disegno*, den merkwürdigsten Erfindungen, mit anmutlosester Anmut und noch schlechterem Dekor realisiert worden sind. Und der Himmel wollte, daß Filippo auf dieser Erde, die so viele Jahre ohne einen erhabenen Verstand oder göttlichen Geist gewesen war, der Welt das größte, höchste und schönste Bauwerk hinterlassen würde, das in moderner und auch alter Zeit jemals errichtet worden ist, womit er bewies, daß das Talent der toskanischen Künstler zwar verloren, aber noch nicht tot war.[5] Er schmückte ihn darüber hinaus mit erlesenen Tugenden, darunter jene der Freundschaft, weshalb es niemals einen gutmütigeren oder liebevolleren Mann gab als ihn. In seinem Urteil war er frei von Leidenschaft, und sah er bei anderen Tüchtigkeit und Verdienst, stellte er den eigenen Profit und das Interesse der Freunde hintan. Er kannte sich selbst, ließ viele am Ausmaß seines Talents teilhaben und kam seinem Nächsten bei Bedarf stets zur Hilfe. Er war ein erklärter Todfeind der Laster und ein Freund aller tugendhaften Menschen. Niemals vergeudete er seine Zeit, sondern bemühte sich, die Bedürfnisse seiner Mitmenschen entweder selbst oder durch den Einsatz anderer zu stillen; er ging seine Freunde besuchen und stand ihnen immer bei.[6]

In Florenz lebte, wie es heißt, ein Mann von ausgezeichnetem Ruf und sehr lobenswerten Umgangsformen, der seine Geschäfte tatkräftig führte und Ser Brunellesco di Lippo Lapi[7] hieß. Er hatte einen Großvater namens Cambio,[8] der ein gebildeter Mann und Sohn des damals sehr berühmten Arztes Meister Ventura Bacherini[9] war.[10] Ser Brunellesco ehelichte eine überaus sittsame junge Frau aus der adeligen Familie Spini[11] und bekam als Teil der Mitgift ein Haus, in dem er und seine Kinder bis zu ihrem Tod lebten. Dieses Haus steht gegenüber der Kirchenflanke von San Michele Berteldi, in einem Doppeleck hinter der Piazza degli Agli.[12] Während er sich so um seine Geschäfte kümmerte und ein erfülltes Leben führte, wurde ihm 1377 ein Sohn geboren, dem er nach seinem verstorbenen Vater den Namen Filippo gab. Überglücklich über seine Geburt unterrichtete er den Jungen schon als Kind mit aller Sorgfalt in den Grundlagen der *lettere*, in denen er sich als sehr begabt und von erhabenem Geist erwies. Allerdings war er mit dem Kopf häufig woanders, so als würde ihm nicht viel daran liegen, in ihnen große Perfektion zu erlangen, statt dessen schien er seine Gedanken auf nützlichere Dinge zu richten. Ser Brunellesco sah dies mit größtem Bedauern, da es sein Wunsch war, daß er wie er selbst und der Urgroßvater den Beruf des Notars ausüben würde. Doch als er ihn ständig sinnreiche Probleme in Kunst und Mechanik erforschen sah, ließ er ihn rechnen und schreiben lernen und gab ihn anschließend bei einem Freund in eine Goldschmiedelehre, damit er zeichnen lernen würde.[13] Filippo war darüber sehr zufrieden, und nur wenige Jahre, nachdem er begonnen hatte, jene Kunst zu erlernen und zu praktizieren, faßte er Schmucksteine besser ein als jeder alte Meister des Metiers. Er beschäftigte sich mit Niello und großen Goldschmiedearbeiten, wie einigen Figuren in Silber, von denen zwei halbfigurige Propheten am Aufsatz des Jakobus-Altars in Pistoia angebracht sind, die als wunderschön gelten und die er für die Dombauhütte jener Stadt geschaffen hat.[14] Außerdem schuf er Werke im Flachrelief, mit denen er ein Maß an Sachverstand offenbarte, daß seine Begabung notgedrungen die Grenzen jener Kunst überschreiten mußte. Er begann daher, als er die Bekanntschaft einiger Wissenschaftler machte, seine Erfindungsgabe auf Themen wie Zeit und Bewegung, Gewichte und Räder zu lenken, und wie man letztere zum Drehen bringt und sie in Gang setzt. Auf diese Weise fertigte er eigenhändig eine Reihe exquisiter und wunderschöner Uhren an. Damit nicht zufrieden, erwachte in ihm eine immense Leidenschaft für die Bildhauerei. Und weil Donatello[15] ein junger Mann war, der darin als fähig galt und in den man große Hoffnungen setzte, ergab es sich nun, daß Filippo von da an ständig seine Nähe suchte und die beiden aufgrund ihres Talents solche Zuneigung zueinander faßten, daß der eine ohne den anderen nicht leben zu können schien. Weil Filippo unglaublich vielseitig begabt war, praktizierte er diverse Berufe und war noch nicht lange in ihnen tätig, als er unter

Kennern schon als sehr guter Architekt galt. Er stellte dies mit vielen Dingen bei der Ausstattung von Häusern unter Beweis, wie im Haus[16] seines Verwandten Apollonio Lapi am Canto dei Ciai Richtung Mercato Vecchio, wo er, während jener es errichten ließ, mit großem Einsatz am Werk war; und dasselbe tat er in dem Turm und der Villa La Petraia in Castello bei Florenz.[17] In dem Palast, in dem die Signoria residierte, plante er die Anordnung all jener Räume, in denen die Beamten der Pfandleihe ihre Büros haben, und schuf dort nach antikem Vorbild Türen und Fenster in einem wenig gebräuchlichen Stil, weil die Architektur in der Toskana damals unsagbar plump war.[18] Etwas später hatten die Ordensbrüder von Santo Spirito den Auftrag für die Statue einer büßenden Maria Magdalena aus Lindenholz zu vergeben, die in einer Kapelle aufgestellt werden sollte.[19] Filippo, der viele kleine Skulpturen ausgeführt hatte und nun begierig darauf war, sich auch in großformatigen Werken zu beweisen, übernahm die Ausführung besagter Figur. Als sie fertig und ins Werk gesetzt war, galt sie als sehr schön, allerdings fiel sie zusammen mit vielen anderen beachtenswerten Werken dem Brand von 1471 zum Opfer.

Er beschäftigte sich ausgiebig mit der Perspektive, die damals durch viele Unstimmigkeiten in ihrer Anwendung sehr schlecht eingesetzt wurde. Er verlor einige Zeit damit, bis er schließlich von sich aus einen Modus entdeckte, mit dem sie korrekt und vollkommen gelingen konnte, nämlich indem man sie ausgehend von Grundriß und Aufriß mittels sich überkreuzender Linien konstruierte – eine wirklich in höchstem Maße sinnreiche Entdeckung, die für die Kunst des *disegno* von großem Nutzen war. Er hatte solche Freude an ihr, daß er eigenhändig den Platz von San Giovanni zeichnete [siehe rechts oben], mit der gesamten Wandverkleidung [des Baptisteriums] aus weißen und schwarzen Marmorinkrustationen, die in einzigartiger Anmut verkürzt waren. Außerdem stellte er das Gebäude der Misericordia, die Geschäfte der Waffelbäcker, das Gewölbe der Pecori und gegenüber davon die Säule des Heiligen Zenobius dar. Als er von den Künstlern und Kunstkennern Lob für diese Arbeit

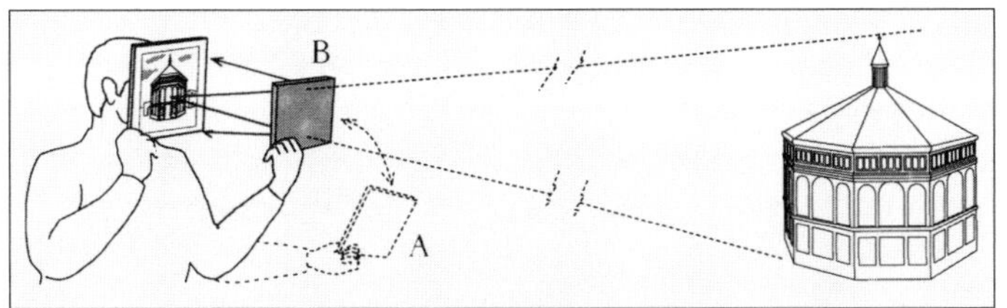

Filippo Brunelleschi: Erste Perspektivtafel

bekam, bestärkte ihn das so sehr, daß er wenig später eine weitere Zeichnung [siehe unten] in Angriff nahm und in ihr den Platz und die Loggia der Signoria zusammen mit dem Dach der [Loggia] dei Pisani und allen Gebäuden wiedergab, die rings um den Platz zu sehen sind.[20] Diese Werke beflügelten die anderen Künstler in einer Weise, daß sie sich von da an mit großem Eifer mit dem Thema beschäftigten. Insbesondere unterwies er darin

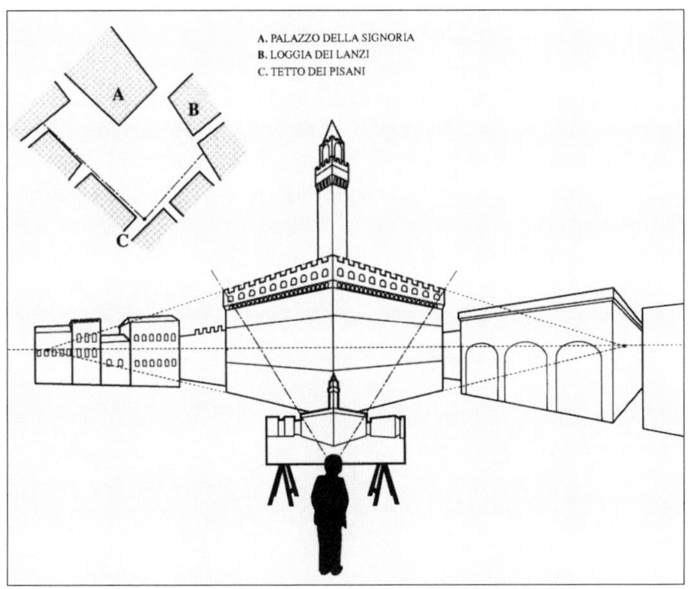

Filippo Brunelleschi: Zweite Perspektivtafel

den damals jungen Maler Masaccio,[21] mit dem er gut befreundet war und der ihm mit dem, was er ihm zeigte, Ehre machte, wie es an den Gebäuden in seinen Werken deutlich wird. Auch ließ er es sich nicht nehmen, sie den Herstellern von Intarsien zu demonstrieren, jene Kunst, aus farbigem Holz Einlegearbeiten zu schaffen. Dank seiner Anregungen wurde diese Technik für viele nützliche Dinge in qualitätvoller Weise eingesetzt, und damals und späterhin wurden viele vortreffliche Werke geschaffen, die Florenz viele Jahre lang Ruhm und Profit eingebracht haben.[22]

Eines Abends fand sich Messer Paolo dal Pozzo Toscanelli[23] auf dem Rückweg von der Universität zum Abendessen bei Freunden in einem Garten ein und lud Filippo hinzu. Als der ihn über die mathematischen Wissenschaften reden hörte, schloß er sich ihm in einer Weise an, daß er von ihm die Geometrie erlernte. Und obwohl Filippo keine Bildung besaß, argumentierte er auf der natürlichen Grundlage praktischer Erfahrung so vernünftig über alle Aspekte, daß er ihn viele Male in Verlegenheit brachte. Er ging dann zu den christlichen Schriften über und ließ es sich nicht nehmen, an den Disputen und Predigten gelehrter Leute teilzunehmen, woraus er dank seines bewundernswerten Gedächtnisses solchen Gewinn zog, daß vorgenannter Paolo sein Loblied sang und zu sagen pflegte, daß er einen neuen Heiligen Paulus vor sich zu haben glaubte, wenn er Filippo reden hörte.[24] In dieser Zeit beschäftigte er sich außerdem intensiv mit Dantes[25] Werken: Er hatte ein gutes Verständnis der darin beschriebenen Orte und Maßverhältnisse und führte ihn in Gesprächen oft für Vergleiche an. Sein Verstand war also dauernd damit beschäftigt, sinnreiche und schwierige Dinge zu erfinden und eine Vorstellung von ihnen zu entwickeln. Und mit keinem anderen schätzte er den geistigen Austausch so sehr wie mit Donatello, mit dem er ganz vertraut plauderte, da sie sich mochten und zusammen über die Schwierigkeiten ihres Berufs diskutieren konnten.

Nun hatte Donatello in jenen Tagen ein hölzernes Kruzifix vollendet [siehe rechts], das in Santa Croce in Florenz unterhalb

Donatello: Kruzifix, 1412. Florenz, Santa Croce

der von Taddeo Gaddi[26] gemalten Szene mit dem vom Heiligen Franziskus wiedererweckten Kind angebracht wurde.[27] Donatello wollte Filippos Meinung dazu einholen, was er allerdings bereute, weil Filippo ihm antwortete, er habe einen Bauern ans Kreuz gehängt. Daraus entstand dann die Redewendung »Nimm Holz und mach' selbst eins«, wovon in Donatellos Vita ausführlich berichtet wird. Filippo, der sich niemals über Dinge ärgerte, die man zu ihm sagte, selbst wenn er provoziert wurde, verhielt sich viele Monate ruhig, bis er ein hölzernes Kruzifix derselben Größe ausgeführt hatte [siehe rechts]. Und es war von einer Qualität und einem *disegno*, außerdem so kunstvoll und sorgfältig gearbeitet, daß Donatello (der von Filippos Werk nichts wußte) wie zum Schein von jenem nach Hause vorausgeschickt wurde und eine Schürze voller Eier und anderer Dinge für ihr gemeinsames Abendessen fallen ließ, als er es anschaute. Außer sich vor Staunen über den virtuosen und kunstvollen Stil, den Filippo bei den Beinen, dem Torso und den Armen dieser Figur eingesetzt hatte, die hervorragend gegliedert und harmonisch zusammengefügt war, gab Donatello sich nicht nur geschlagen, sondern erklärte es zu einem Wunderwerk. Heute ist dieses Werk in Santa Maria Novella zwischen den Kapellen der Strozzi und der Bardi da Vernia plaziert und wird auch von den modernen Künstlern unendlich gelobt.[28] Als man dadurch auf das Talent dieser wirklich vortrefflichen Meister aufmerksam geworden war, bekamen sie von den Zünften der Fleischer und der Flachskämmer den Auftrag, zwei Figuren aus Marmor für ihre jeweiligen Nischen an Orsanmichele auszuführen, und weil er selbst andere Arbeiten übernommen hatte, überließ Filippo sie Donatello, der sie allein zur Vollendung brachte.[29]

Nach diesen Begebenheiten wurde 1401 angesichts einer zu solchen Höhen aufgestiegenen Bildhauerei beschlossen, die beiden Bronzetüren an der Taufkirche San Giovanni zu erneuern, da es seit dem Tod von Andrea Pisano[30] keine Meister gegeben hatte, die in der Lage gewesen wären, sie auszuführen. Dieses Vorhaben wurde unter den damals in der Toskana aktiven Bildhauern verbreitet, und nachdem man sie herbeigerufen hatte, bekamen sie eine Provision und ein Jahr Zeit, jeweils eine Szene auszuführen. Unter ihnen waren Filippo und Donatello, die beide ersucht wurden, jeder für sich eine Szene auszuführen, und zwar in Konkurrenz zu Lorenzo Ghiberti,[31] Jacopo della Fonte,[32] Simone da Colle,[33] Francesco di Valdambrino[34] und Niccolò d'Arezzo.[35] Innerhalb eines Jahres waren diese Szenen vollendet, die, allesamt wunderschön und voneinander verschie-

Filippo Brunelleschi: Kruzifix, 1410–1415. Florenz, Santa Maria Novella

den, für den Vergleich zusammen ausgestellt wurden: Da war die eine gut entworfen, aber schlecht gearbeitet wie die von Donatello,[36] eine andere besaß zwar einen sehr guten Entwurf und war sorgfältig ausgeführt, die Szene aber in der graduellen Verkleinerung der Figuren nicht gut eingeteilt, wie es bei Jacopo della Quercia der Fall war; Francesco di Valdambrino hingegen hatte die seine mit einer dürftigen Erfindung und winzigen Figuren ausgeführt. Am schlechtesten von allen waren diejenigen von Niccolò d'Arezzo und Simone da Colle, während die beste

Filippo Brunelleschi: Opferung Isaaks, 1401–1402.
Florenz, Museo Nazionale del Bargello

von Lorenzo di Cione Ghiberti kam, die *disegno*, Sorgfalt, Erfindungskraft, Kunstfertigkeit und sehr gut ausgeführte Figuren vereinte. Allerdings stand ihr die Szene von Filippo kaum nach [siehe oben], der dort Abraham bei der Opferung Isaaks dargestellt hatte; ein Diener, der sich einen Dorn aus dem Fuß zieht, während er auf Abraham wartet und der Esel grast, verdient darin sehr viel Lob.[37] Als die Szenen zur Schau gestellt wurden, fanden Filippo und Donatello keine andere als die Lorenzos zufriedenstellend, weshalb sie ihn als den geeignetsten Mann für jenes Werk erklärten, vor sich selbst und den anderen Autoren der übrigen Szenen. Mit guten Argumenten überzeugten sie die Konsuln, Lorenzo das Werk zu übertragen, indem sie aufzeigten, daß sowohl der Öffentlichkeit als auch privaten Interessen damit am besten gedient sei – gewiß ein echter Freundschaftsdienst und neidloser Akt der Tugend, wofür sie, gepaart mit einer gesunden Selbsteinschätzung, mehr Lob verdienten, als hätten sie das Werk selbst zur Vollendung gebracht: Glücklich die Menschen, die sich gegenseitig unterstützen und gleichzeitig Freude daran haben, die Bemühungen anderer zu loben; und wie unglücklich sind unsere Zeitgenossen, die noch nicht satt vom Schaden, den sie anrichten, vor Neid krepieren, während sie andere mit beißender Kritik bedenken.[38] Die Konsuln baten Filippo, das Werk zusammen mit Lorenzo auszuführen, was er aber ablehnte, da ihm der Sinn eher danach stand, erster in einer Kunst zu sein, als ebenbürtig oder zweiter bei jenem Werk. Daher schenkte er die Szene, die er in Bronze gearbeitet hatte, Cosimo de' Medici,[39] der sie einige Zeit später am Altardossale in der alten Sakristei von San Lorenzo anbringen ließ, wo sie sich gegenwärtig befindet, während Donatellos Szene einen Platz in der Zunft der Geldwechsler bekam.[40]

Nachdem der Auftrag an Lorenzo Ghiberti vergeben worden war, blieben Filippo und Donatello zusammen und beschlossen, Florenz zu verlassen und für ein paar Jahre gemeinsam nach Rom zu gehen, wo Filippo sich der Architektur und Donatello der Bildhauerei widmen wollte. Filippo tat dies, weil er Lorenzo und Donatello überflügeln wollte, wofür sich die Architektur anbot, weil sie nützlicher für die Menschen ist als Skulptur und Malerei. Nachdem er einen kleinen Hof[41] verkauft hatte, den er in Settignano besaß, verließen sie Florenz und gingen nach Rom, wo Filippo beim Anblick der Größe der Gebäude und der Perfektion der Baukörper der Tempel ganz andächtig wurde und außer sich schien. Also begannen sie mit dem Vermessen der Gesimse und dem Aufnehmen der Grundrisse jener Gebäude, und er und Donatello setzten diese Arbeit ohne Rücksicht auf Zeit und Kosten kontinuierlich fort und ließen in Rom und in der umliegenden Campagna keinen Ort unbesichtigt und nichts unvermessen, was dort an Gutem zu finden war.[42] Und weil Filippo frei von familiären Sorgen war, verschrieb er sich ganz den Studien und kümmerte sich nicht um Essen oder Schlafen: Seine einzige Bestimmung war die Architektur, die damals erloschen war, womit ich die guten antiken Ordnungen meine und nicht den barbarischen deutschen Stil,[43] der zu seiner Zeit so verbreitet war. Er hegte dabei zwei bedeutende Vorhaben: zum einen die gute Architektur wieder ans Licht zu bringen, denn er glaubte, sollte ihm dies gelingen, kein geringeres Andenken von sich zu hinterlassen, als Cimabue[44] und Giotto es getan hatten; zum anderen wollte er, wenn möglich, einen Weg finden, die Kuppel von Santa Maria del Fiore in Florenz einzuwölben, was so schwierig war, daß sich seit dem Tod von Arnolfo Lapi[45] keiner gefunden hatte, der den Mut gehabt hätte, ihre Wölbung ohne ein ungeheuer kostspieliges Holzgerüst auszuführen. Über seinen Einfall sprach er aber weder mit Donatello noch mit sonst einer lebenden Seele, noch rastete er, bis er in Rom alle Schwierigkeiten, welche die Rotunde[46] [des Pantheons] betrafen, erwogen hatte, um herauszufinden, wie man sie einwölben könne. Er hatte alle antiken Gewölbe beschrieben und gezeichnet und studierte diese Aufzeichnungen unablässig. Und stießen sie zufällig auf vergrabene Fragmente von Kapitellen, Säulen, Gesimsen und Grundmauern von Gebäuden, richteten sie eine Baustelle ein und ließen sie ausgraben, um der Sache auf den Grund zu gehen.[47] Deshalb lief in Rom ein Gerücht um: Wenn sie in ihren beliebig zusammengewürfelten Kleidern durch die Straßen gingen, rief man sie die Schatzgräber, weil die Leute glaubten, sie hätten sich der Geomantik verschrieben, um Schätze zu finden, und der Grund dafür war, daß sie eines Tages einen antiken Tonkrug voller Münzen gefunden hatten. Als Filippo dann das Geld ausging, schuf er Abhilfe, indem er für befreundete Goldschmiede die Einfassungen für wertvolle Juwelen anfertigte.[48] So blieb er allein in Rom zurück, als Donatello nach Florenz zurückkehrte, und studierte mit noch größerem Eifer und Einsatz als zuvor unablässig die Ruinen jener Bauwerke. Er ruhte nicht, bis er jede Art von Gebäude gezeichnet hatte: runde, eckige und oktogonale Tempel, Basiliken, Aquädukte, Thermen, Bögen, Kolosseen, Amphitheater und jeden aus Backstein erbauten Tempel, denen er die Gurtungen und Verankerungen ebenso entlehnte wie das Einwölben von Gewölben. Er lernte daraus alle Möglichkeiten, einen sicheren Mauerverband zu schaffen, und zwar mit Verzahnungssteinen, Zapfen und Klammern. Er entdeckte bei allen großen Steinblöcken in der Mitte ein ausgehöhltes Loch und fand heraus, daß sie für jenes Werkzeug dienen, das wir *ulivella* nennen, mit dessen Hilfe man die Steine hochzieht. Er nahm diese Technik wieder auf und brachte sie neu in Gebrauch. Er schied dann die verschiedenen Ordnungen voneinander: dorisch, ionisch, korinthisch.[49] Dabei erreichte er im Laufe seiner Studien einen Punkt, an dem sein Geist vollauf in der Lage war, Rom in der Vorstellung so zu sehen, wie es war, als es noch nicht in Ruinen lag. Das Klima jener Stadt führte bei Filippo 1407 zu einer leichten Unpäßlichkeit, und als Freunde ihm zu einem Klimawechsel rieten, kehrte er nach Florenz zurück.[50] Dort hatten während seiner Abwesenheit viele Bauwerke Schaden genommen, für die er nach seiner Ankunft zahlreiche Entwürfe und viele Ratschläge lieferte.

Im selben Jahr riefen die Dombauvorsteher von Santa Maria del Fiore und die Konsuln der Wollweberzunft eine Versammlung der Architekten und Ingenieure des Landes ein, um einen Modus für die Einwölbung der Kuppel zu diskutieren. Auch Filippo nahm daran teil und wies auf die Notwendigkeit hin, die Kuppel vom Dach zu trennen, sich von Arnolfos Plan zu lösen und eine fünfzehn Ellen hohe Frieszone [Tambur] zu schaffen, mit einem großen Rundfenster in der Mitte jeder Seite, wodurch nicht nur das Gewicht von den Widerlagern der Apsiden genommen, sondern darüber hinaus das Einwölben der Kuppel erleichtert würde. Und so wurden Modelle davon entworfen und zur Ausführung gebracht [siehe Seite 26 und 27].[51] Nach einer Reihe von Monaten war Filippo wieder zu Kräften gekommen und stand eines Morgens mit Donatello und anderen Künstlern auf dem Platz von Santa Maria del Fiore, wo sie im Zusammen-

Santa Maria del Fiore, Florenz

hang mit der Bildhauerei über Antiquitäten diskutierten. Dabei erzählte Donatello, wie er auf dem Rückweg nach Rom die Strecke über Orvieto gewählt habe, um die vielgerühmte Marmorfassade des Doms zu besichtigen, die von verschiedenen Meistern realisiert worden war und seinerzeit als ein bedeutendes Werk galt; und wie er dann durch Cortona gekommen sei, die Pieve betreten und einen wunderschönen antiken Sarkophag mit einer Szene in Marmor erblickt habe, was damals eine Seltenheit war, weil noch nicht diese Fülle an Werken ausgegraben war, die man heute zutage gebracht hat. Und als Donatello fortfuhr, die Technik zu beschreiben, mit der jener Meister dieses Werk ausgeführt hatte, und die Oberflächenbehandlung zusammen mit der Perfektion und meisterlichen Qualität, die sich darin zeigten, loderte in Filippo der brennende Wunsch auf, ihn zu sehen, und er machte sich, ohne zu sagen, wohin er ging, so wie er war, in Mantel, Kapuze und Holzpantinen, zu Fuß auf den Weg und ließ sich von seinem Verlangen und seiner Liebe zur Kunst bis nach

Santa Maria del Fiore, Kuppel, 1420–1436, Florenz

Cortona tragen. Und als er den Sarkophag gesehen und Gefallen an ihm gefunden hatte, fertigte er eine Federzeichnung davon an und kehrte damit nach Florenz zurück, ohne daß Donatello oder irgendwer sonst seine Abwesenheit bemerkt hatte, weil sie dachten, er müsse mit Zeichnen oder irgendwelchen Erfindungen beschäftigt sein. Wieder zurück in Florenz zeigte er ihm also die Zeichnung mit der sorgfältigen Kopie des Sarkophags, und Donatello staunte nicht wenig, als er sah, wieviel Liebe Filippo der Kunst entgegenbrachte.[52]

Er blieb dann viele Monate in Florenz, wo er insgeheim Modelle und Geräte anfertigte, die alle für den Kuppelbau bestimmt waren, nahm aber gleichwohl an den Späßen der anderen Künstler teil und heckte damals die Posse vom Dicken [Holzschnitzer] und Matteo aus.[53] Außerdem ging er zum Vergnügen Lorenzo Ghiberti beim Säubern irgendwelcher Teile seiner Türen sehr oft zur Hand.[54] Eines Morgens hörte er aber, daß die Rede ging, Ingenieure für den Bau der Kuppel einzustellen, und da hatte er den Einfall, nach Rom zurückzugehen, weil er glaubte, in höherem Ansehen zu stehen, wenn man ihn von außerhalb würde rufen müssen, als wenn er in Florenz bleiben würde.[55] Während er sich also in Rom aufhielt, wurde sein Projekt bekannt, und man dachte an seinen scharfen Verstand und an die Zuversicht und Entschlossenheit, die er bei seinen Ausführungen im Gegensatz zu den anderen Meistern an den Tag gelegt hatte. Jene wirkten genauso verloren wie die Maurer, hatten alle Tatkraft eingebüßt und glaubten nicht mehr daran, jemals einen Weg für das Wölben der Kuppel zu finden oder Hölzer für ein Gebälk, das stark genug wäre, das Baugerüst und das Gewicht eines so großen Baukörpers tragen zu können. Entschlossen, eine endgültige Lösung zu finden, schrieben sie Filippo nach Rom, mit der Bitte, nach Florenz zu kommen. Und er, der nichts mehr wünschte, kehrte überaus bereitwillig zurück. Bei seiner Ankunft versammelten sich der Rat der Dombauverwaltung von Santa Maria del Fiore und die Konsuln der Wollweberzunft und unterrichteten Filippo von der größten bis zur kleinsten über alle Schwierigkeiten, welche die bei der Audienz ebenfalls anwesenden Meister festgestellt hatten. Da sprach Filippo folgende Worte: »Meine Herren Dombauverwalter, es gibt keinen Zweifel, daß große Unternehmungen immer Schwierigkeiten bei der Ausführung mit sich bringen. Und wenn es jemals eine gegeben hat, die dies tun wird, so ist es die Eure und sogar noch mehr, als Euch wahrscheinlich bewußt ist. Ich weiß nämlich nicht, ob selbst die antiken Menschen jemals ein so ungeheures Gewölbe gespannt haben, wie dieses hier es sein wird, und obwohl ich oft über das Gerüst nachgedacht habe, das sowohl innen wie außen notwendig sein wird, und wie es möglich wäre, sicher darauf zu arbeiten, habe ich dafür niemals eine Lösung finden können. Dabei schreckt mich die Breite des Baus nicht weniger als die Höhe. Wenn die Kuppel also rund gewölbt werden soll, dann könnten wir die Methode der Römer beim Einwölben des Pantheons in Rom, sprich der Rotunde, übernehmen. Hier müssen wir allerdings die oktogonale Form berücksichtigen und Verbindungsanker und Verzahnungssteine anbringen, was sehr schwierig sein wird. Dann aber erinnere ich mich, daß dieser Tempel Gott und der Jungfrau geweiht ist,[56] und da wir ihn ihr zu Ehren errichten, vertraue ich darauf, daß sie nicht säumen wird, Wissen einzuflößen, wo es mangelt, und denjenigen mit Kraft und Weisheit und schöpferischer Eingebung auszustatten, der der Urheber dieses Werks sein wird. Wie aber soll ich Euch helfen, wo dies nicht mein Werk ist? Nur eines sage ich Euch: Würde mir diese Aufgabe zufallen, hätte ich ganz entschieden ausreichend Mut, einen Weg zu finden, sie ohne große Schwierigkeiten einzuwölben. Ich habe aber noch nicht weiter darüber nachgedacht und Ihr wollt, daß ich Euch die Lösung sage? Sollten Eure Herrschaften aber den Kuppelbau beschließen, werdet Ihr nicht nur gezwungen sein, mich auf die Probe zu stellen, was mir bei der Beratschlagung über ein Unternehmen dieser Größenordnung nicht ausreichend erscheint. Ihr werdet also Geld ausgeben und Anordnung treffen müssen, daß nach Ablauf eines Jahres an einem bestimmten Tag Architekten nach Florenz kommen, und zwar nicht nur Toskaner und Italiener, sondern Deutsche, Franzosen und alle anderen Nationalitäten. Und ihr werdet ihnen diese Arbeit antragen, damit ihr im Anschluß an die Diskussionen und Beschlüsse so vieler Meister anfangen könnt, und zwar unter der Leitung desjenigen, der am deutlichsten das Ziel treffen beziehungsweise die beste Methode und Urteilskraft für dieses Unternehmen vorweisen wird. Einen anderen Rat oder besseren Plan weiß ich Euch in dieser Angelegenheit nicht zu geben.«

Den Konsuln und Dombauherren gefiel Filippos Weisung und Rat, sie hätten allerdings gewünscht, daß er in der Zwischenzeit ein Modell anfertigen und sich über die Angelegenheit Gedanken machen würde. Er aber gab sich den Anschein, als sei ihm das egal, ja, er verabschiedete sich von ihnen sogar mit dem Hinweis, man hätte ihn mit Briefen eilends nach Rom zurückgerufen. Als die Konsuln einsahen, daß ihre Bitten und die der Dombauherren nicht ausreichten, um ihn zurückzuhalten, ließen sie seine Freunde auf ihn einwirken, und als er immer noch nicht nachgab, wiesen sie ihm eines Morgens – es war der

26. Mai 1417 – eine Sondervergütung zu,[57] die zugunsten Filippos in die Bücher der Dombauhütte eingetragen ist. All dies tat man, um ihn doch noch umzustimmen. Er aber blieb eisern bei seinem Entschluß, Florenz zu verlassen, und kehrte nach Rom zurück, wo er unablässig an diesem Projekt arbeitete, plante und sich auf die Durchführung jenes Werks vorbereitete, weil er zu Recht glaubte, daß kein anderer als er es würde ausführen können. Und den Vorschlag, neue Architekten herbeizurufen, hatte Filippo allein deshalb gemacht, damit sie Zeugen der Größe seines Talents sein würden und nicht etwa, weil er glaubte, sie würden einen Plan zur Überwölbung des Chors vorlegen oder diese viel zu schwierige Aufgabe übernehmen. Es kostete viel Zeit, jene Architekten aus ihren Ländern kommen zu lassen. Man hatte sie aus der Ferne mittels Weisung an die florentinischen Kaufleute herbeirufen lassen, die in Frankreich, Deutschland, England und Spanien ansässig waren und den Auftrag bekamen, jede Geldsumme dafür einzusetzen, die jeweiligen Fürsten um die erfahrensten und fähigsten Talente jener Länder zu ersuchen und sie zum Kommen zu bewegen.

Im Jahr 1420 waren schließlich alle diese Meister von jenseits der Alpen in Florenz versammelt und gleichzeitig die aus der Toskana und alle talentierten Vertreter des *disegno* aus Florenz. Auch Filippo kehrte nun aus Rom zurück. Sie alle versammelten sich in der Dombauhütte von Santa Maria del Fiore in Gegenwart der Konsuln und Dombauverwalter und einer Auswahl der kompetentesten Bürger, damit die Meinung jedes einzelnen angehört und anschließend die Art und Weise der Überwölbung des Chorraums beschlossen werden konnte. Einer nach dem anderen wurden sie in den Audienzsaal gerufen und jeder einzelne Architekt zu seiner Vorstellung und seinem Plan angehört.[58] Schön war es, so viele merkwürdige und verschiedene Meinungen zu diesem Thema zu hören:[59] Einer wollte vom Bodenniveau Pfeiler aufmauern, um darüber die Bögen zu spannen, die das Gebälk zum Abstützen des Gewichts tragen würden. Andere meinten, es wäre am besten, die Kuppel aus Schwammstein zu wölben, damit sie weniger Gewicht haben würde. Viele stimmten darin überein, einen zentralen Pfeiler zu bauen und die Wölbung wie in San Giovanni in Florenz in Form eines Pavillons auszuführen. Und es fehlte auch nicht an einem, der sagte, es wäre gut, die Kirche mit Erdreich aufzufüllen, dem Geldstücke beigemischt wären; sobald die Kuppel fertiggestellt sei, solle man jedem, der etwas von dieser Erde haben wollte, die Erlaubnis erteilen, sie sich zu holen, wodurch sie innerhalb kürzester Zeit ohne Kosten abtransportiert worden wäre.[60] Allein Filippo sagte, daß man die Kuppel ohne viele Holzträger, ohne Pfeiler, ohne Erde und ohne hohe Ausgaben für viele Bögen ausführen könne, und zwar ganz einfach und ohne Gerüst. Den Konsuln, die irgendein schönes Verfahren erwartet hatten, und auch den Dombauverwaltern und all den Bürgern dort schien es, als habe Filippo etwas Absurdes gesagt, und so spotteten und lachten sie über ihn. Dann wandten sie sich ab und sagten zu ihm, er solle sich etwas anderes überlegen, denn dieser Plan sei so verrückt wie er selbst. Filippo, der sich gekränkt fühlte, erwiderte: »Meine Herren, Sie müssen bedenken, daß es keinen anderen Weg zur Realisierung der Kuppel gibt als diesen, und auch wenn Sie jetzt über mich lachen, werden Sie erkennen müssen – sofern Sie sich nicht starrköpfig dagegen sperren wollen, daß man sie auf keine andere Weise ausführen darf oder kann. Und will man sie mit dem von mir entwickelten Verfahren errichten, so ist es notwendig, die Wölbung mit dem *quarto acuto*[61] auszuführen und sie außerdem zu verdoppeln, also mit einer inneren und einer äußeren Kuppelschale zu realisieren, so daß man zwischen der einen und der anderen entlanglaufen kann. Der Bau ist durch die gesamte Stärke der Mauer an den äußeren Kanten des Oktogons mit Verzahnungssteinen zu verankern, und genauso muß man die Seiten [des Oktogons] ringsherum mit Ringankern aus Eichenholz einfassen. Ebenfalls zu bedenken sind Lichtöffnungen, Treppen und Abflußrohre für das Regenwasser. Und keiner von Ihnen hat bedacht, daß man im Inneren die Möglichkeit schaffen muß, Gerüste für die Ausführung von Mosaiken anzubringen, und zahllose schwierige Dinge mehr. Ich aber sehe die Kuppel schon vollendet und weiß, daß es keinen anderen Weg gibt, sie zu wölben, als den, den ich hier dargelegt habe.« Beim Reden erhitzte er sich, doch je mehr er versuchte, sein Konzept zu vereinfachen, damit sie ihn verstehen und ihm Glauben schenken würden, desto mehr Zweifel säte er und desto weniger glaubte man ihm und hielt ihn für einen Schwachkopf und Schwätzer. Mehrfach bat man ihn hinaus, und am Ende, als er partout nicht gehen wollte, wurde er von den Türstehern mit Gewalt aus dem Audienzsaal entfernt und für komplett verrückt erklärt. Später pflegte Filippo dann zu erzählen, daß er sich wegen dieser Schmach in der Stadt nirgendwo mehr hinwagte, weil er fürchtete, daß jemand sagen würde: »Schau mal der Verrückte da.« Die Konsuln blieben im Audienzsaal zurück, verwirrt durch die komplizierten Methoden der ersten Meister und durch die letzte, die Filippo präsentiert hatte und die sie für albern hielten. In zwei Punkten hatte er sich ihrer Meinung nach geirrt: Erstens weil er sie zweischalig machen wollte, was ihr ein enormes, unverhältnismäßig hohes Gewicht verliehen hätte, und weil er zweitens kein Gerüst für die Ausführung vorgesehen hatte. Auf der anderen Seite war da Filippo, der so viele Jahre mit Studien verbracht hatte, um diesen Auftrag zu bekommen, und nun nicht mehr wußte, was er anfangen sollte, und mehrmals drauf und dran war, Florenz zu verlassen. Gleichwohl mußte er sich, wollte er siegreich aus dieser Sache hervorgehen, in Geduld üben, und er besaß so viel Einsicht, zu wissen, daß die Köpfe jener Stadt in ihren Entscheidungen nicht sehr beständig waren. Wohl hätte Filippo ihnen ein kleines Modell zeigen können, das er dabei hatte, ihnen aber nicht zeigen wollte, als er die mangelnde Auffassungsgabe der Konsuln, den Neid der Künstler und die geringe Standfestigkeit der Bürger sah, die ganz so, wie es ihnen gefiel, mal den einen, mal den anderen vorzogen.[62] Mich wundert das nicht, denn in jener Stadt meint ja jeder, genauso viel zu wissen wie die erfahrenen Meister, obwohl diejenigen, die wirklich etwas davon verstehen, rar gesät sind; und dies sei zum Trost der wahren Kenner gesagt. Filippo begann nun abseits zu verhandeln, was ihm vor dem Magistrat nicht gelungen war: Mal redete er mit einem

Konsul, mal mit einem Dombauverwalter und auch mit vielen Bürgern der Stadt, denen er Teile seines Entwurfs vorführte und sie dazu brachte, sich zu entscheiden, ob sie den Auftrag zu diesem Werk ihm oder einem der Meister von außerhalb übertragen wollten. Mit neuem Elan versammelten sich daraufhin alle, die Konsuln, die Dombauverwalter und die Bürger mit den Architekten, welche die Diskussion über das Thema wieder aufnahmen, aber ausnahmslos von Filippos Argumenten widerlegt und übertroffen wurden. Und wie es heißt, hatte hier der Disput mit dem Ei seinen Ursprung, der sich folgendermaßen zutrug: Jene hätten nämlich gewollt, daß Filippo seinen Plan detaillierter ausgeführt und sein Modell gezeigt hätte, so wie sie ihre gezeigt hatten. Er lehnte das aber ab und machte den auswärtigen und heimischen Meistern statt dessen folgenden Vorschlag: Wem es gelingen würde, ein Ei aufrecht auf eine Marmorplatte zu stellen, der solle die Kuppel ausführen, denn sein Talent wäre damit bewiesen.[63] Ein Ei wurde geholt, und alle jene Meister versuchten, es aufrecht hinzustellen, was aber keinem gelingen wollte. Dann forderte man Filippo auf, es zum Stehen zu bringen. Anmutig nahm er es in die Hand, stieß es mit der Unterseite auf die Marmorplatte, so daß es stehen blieb. Die Künstler protestierten, daß sie es auf diese Weise auch hätten machen können, doch mit einem Lachen erwiderte Filippo, daß sie ja auch die Kuppel hätten wölben können, wenn sie das Modell oder den Entwurf [von ihm] gesehen hätten. Und so kam man zu dem Beschluß, daß er die Ausführung dieses Werks übernehmen sollte, und gab ihm Anweisung, die Konsuln und Dombauherren besser ins Bild zu setzen.

Also kehrte er nach Hause zurück und legte auf einem Blatt Papier sein Vorhaben so klar wie möglich dar, um es dem Magistrat zu überreichen.[64] Er schrieb wie folgt: »Angesichts der Problematiken dieses [Kuppel-]Baus, erlauchte Dombauherren, denke ich, daß man ihn unmöglich in einem perfekten Rund realisieren kann, weil die Fläche an der Oberseite, wo die Laterne aufsitzen soll, so groß wäre, daß ihr Gewicht die Kuppel bald zum Einsturz bringen würde. Mir scheint aber, daß Architekten, die nicht die ewige Dauer des Bauwerks im Blick haben, keine Liebe für bleibende Erinnerungen hegen und auch die eigentliche Bestimmung ihrer Arbeit verkennen. Ich habe mich entschieden, die innere Kuppelschale aus Kappen zu wölben, die den Außenflächen entsprechen, und ihnen Abmessung und Wölbung des *quarto acuto* zu geben, weil dies eine Wölbung ist, deren Schub, wenn sie geschlossen ist, sich stets nach oben entfaltet, so daß sich die Kappen, sobald das Gewicht der Laterne auf ihnen lastet, gegenseitig stabilisieren. Am Fuß muß die Kuppel eine Stärke von drei dreiviertel Ellen haben und sich dann pyramidal aufsteigend von außen her verjüngen, bis zu dem Punkt, wo sie sich schließt und die Laterne aufsitzen soll. An der Verbindungsstelle wird das Gewölbe noch eine Stärke von ein einviertel Ellen haben. Auf der Außenseite muß dann eine zweite Gewölbeschale ausgeführt werden, die unten zweieinhalb Ellen stark ist, womit die innere Schale vor Regen geschützt ist. Auch diese wird sich pyramidal im entsprechenden Verhältnis verjüngen, so daß sie sich wie die andere Schale am Ansatz der Laterne schließt, wo ihre Mauerdicke noch zwei Drittel von der an der Basis beträgt. An jeder der insgesamt acht Ecken ist ein Eckpfeiler anzubringen, dazu zwei Strebepfeiler in der Mitte von jedem Gewölbefeld, was sechzehn macht; innen wie außen sind zwischen den jeweiligen Ecken in jedem Gewölbefeld zwei Pfeiler anzubringen, jeder am Fußpunkt vier Ellen stark. Die beiden pyramidal aufgemauerten Gewölbeschalen müssen mit derselben Proportion bis zur Höhe der runden Öffnung steigen, die von der Laterne geschlossen wird. Es sind dann vierundzwanzig Strebepfeiler auszuführen, um die besagte Gewölbeschalen herum gemauert sind, und sechs Bögen aus langen soliden *Macigno*-Balken, die mit verzinnten Eisenkrampen gut verklammert sein müssen. Und über die *Macigno*-Balken kommen Eisenbinder, mit denen die Wölbung und ihre Strebepfeiler umgurtet werden. Der Kuppelansatz muß bis zur Höhe von fünfeinviertel Ellen massiv und ohne Zwischenraum gemauert sein; ab diesem Punkt ist mit den Strebepfeilern fortzufahren und hier trennen sich auch die beiden Gewölbeschalen. Der erste und zweite

Mauerring muß am Kuppelfuß auf ganzer Länge mit langen, horizontal über sie gelegten Balken aus *Macigno* verstärkt werden, auf eine Weise, daß die eine wie die andere Kuppelschale auf besagten *Macigno*-Balken aufruht. Alle neun Ellen sind über die gesamte Höhe besagter Gewölbeschalen kleine Bögen zwischen den Strebepfeilern auszuführen, wobei diese Strebepfeiler, die die innere Kuppelschale tragen, mit dicken Ringankern aus Eichenholz umklammert sind, und diese Eichen-Ringanker sollten um der Treppen willen noch mit Eisenplatten verkleidet sein. Alle Strebepfeiler müssen aus *Macigno* und *Pietra forte* gemauert werden, und auch die Gewölbeflächen der Kuppel, die bis zur Höhe von vierundzwanzig Ellen mit den Strebepfeilern verbunden sind, haben aus *Pietra forte* zu sein. Ab diesem Punkt wird mit Ziegeln oder Schwammstein weitergemauert, ganz so, wie es der Bauleiter entscheiden wird, der sie so leicht wie möglich auszuführen hat. Oberhalb der Rundfenster ist außen ein Gang anzubringen, dessen unterer Teil wie bei einer Galerie aus einem durchbrochenen, zwei Ellen hohen Geländer besteht, von der Art jener an den kleinen Apsiden darunter; oder gar zwei Gänge übereinander, die auf einem schön verzierten Gesims aufsitzen, wobei der obere Gang nicht überdeckt sein soll. Das Regenwasser soll von der Kuppel in eine Marmorrinne laufen, die ein Drittel einer Elle breit ist, und von dort in Abflüsse aus *Pietra forte* unterhalb der Rinne geleitet werden. Acht Rippen aus Marmor sollen in der gebotenen Größe über den Ecken der äußeren Gewölbekappen ausgeführt werden: eine Elle hoch über der Kuppel und zwei Ellen breit, sollen sie wie ein Gesims in Dachform gebildet sein, mit Dachfirst und Traufe zu beiden Seiten. Sie müssen von ihrem Ansatz bis hin zum oberen Ende pyramidal ansteigen. Die Kuppelschalen sind auf die oben beschriebene Weise zu bauen, und zwar bis zur Höhe von dreißig Ellen ohne Gerüst und von da an bis nach oben auf die Weise, die jene Meister empfehlen werden, denen der Bau untersteht, weil die Praxis lehrt, auf welchem Weg man fortfahren muß.«

Als er obigen Text fertiggeschrieben hatte, begab Filippo sich am Morgen in den Magistrat und überreichte dieses Papier, das sie von Anfang bis Ende studierten. Und auch wenn sie nicht alles verstanden, sahen sie Filippos entschlossene Bereitschaft und zugleich, daß keiner der anderen Architekten einen besseren Weg vorzuschlagen hatte. Er hingegen führte seine Reden mit offensichtlicher Überzeugung, indem er immer wieder dieselben Dinge wiederholte und dabei den Eindruck erweckte, als habe er bereits zehn solcher Kuppeln erbaut. Die Konsuln zogen sich nun zur Beratung zurück und beschlossen, sie ihm zu übertragen, allerdings wünschten sie eine kleine Demonstration zu sehen, wie man diese Kuppel ohne Gerüst einwölben konnte, denn mit allem anderen waren sie einverstanden. Das Schicksal meinte es gut mit ihrem Wunsch, weil Bartolomeo Barbadori schon den Bau einer Kapelle in Santa Felicità beschlossen und dies mit Filippo besprochen hatte. Der hatte Hand angelegt und jene Kapelle, die sich rechts vom Eingang der Kirche bei dem Weihwasserbecken befindet, das ebenfalls von ihm stammt, ohne Gerüst überwölbt.[65] Und auf dieselbe Weise ließ er jener Tage noch eine andere neben der Kapelle mit dem Hauptaltar von San Giacomo sopr'Arno für Stiatta Ridolfi wölben.[66] Diese Werke ließen ihn sehr viel glaubhafter erscheinen als seine Worte. Überzeugt durch das Schriftstück und die Arbeit, die sie gesehen hatten, übertrugen ihm die Konsuln und Dombauverwalter die Kuppel und ernannten ihn nach einer Abstimmung zum ersten Baumeister.[67] Allerdings verpflichteten sie ihn nur bis zu einer Höhe von zwölf Ellen und sagten ihm, daß sie erst sehen wollten, wie das Werk gelingen würde. Sollte es allerdings so gut gelingen, wie er sagte, würden sie nicht zögern, ihm auch den Rest zu übertragen. Filippo mutete es seltsam an, bei den Konsuln und Dombauherren auf so viel Härte und Mißtrauen zu stoßen, und wäre er nicht sicher gewesen, daß er der einzige war, der sie ausführen konnte, würde er gar nicht erst Hand angelegt haben. Weil er sich den Ruhm dafür aber sichern wollte, akzeptierte er und verpflichtete sich, das Werk perfekt zu vollenden. Sein Schriftstück wurde zusammen mit der erwähnten Bedingung in ein Buch übertragen, in dem der Verwalter die Posten der Schuldner und Gläubiger für Holz und Marmor festhielt, und er bekam denselben Lohn angewiesen, den bis dato die anderen Baumeister als Bezahlung erhalten hatten. Als unter Künstlern und Bürgern dann bekannt wurde, daß der Auftrag an Filippo gegangen war, fanden die einen dies gut, die anderen schlecht, wie es mit den Ansichten im Volk und denen der Wendehälse und Neider schon immer gewesen ist.

Während man die Vorbereitungen traf, um mit dem Bauen zu beginnen, zettelten einige Künstler und Bürger eine Verschwörung an und wandten sich an die Konsuln und Dombauherren, indem sie sagten, man hätte die Sache übereilt und dürfe eine solche Arbeit nicht dem Ermessen eines einzelnen überlassen. Verzeihlich wäre dies nur dann gewesen, wenn es einen Mangel an vortrefflichen Männern gegeben hätte, die es aber in Hülle und Fülle gab. Der Stadt würde man damit keine Ehre machen, denn sollten sich Unfälle ereignen, wie es auf Baustellen zuweilen geschieht, dann könnte man sie dafür kritisieren, einem einzelnen so viel Verantwortung übertragen zu haben, ohne den Schaden und die Schande zu bedenken, die daraus für die Öffentlichkeit entstehen konnten. Um Filippos Eifer zu bremsen, wäre es deshalb gut, ihm einen Kompagnon an die Seite zu stellen. Zu großem Ansehen war Lorenzo Ghiberti aufgestiegen, weil er sein Talent bereits mit den Türen für San Giovanni unter Beweis gestellt hatte. Und wie beliebt er bei einigen einflußreichen Männern der Regierung war, zeigte sich ganz deutlich, als sie angesichts von Filippos wachsendem Ruhm unter dem Vorwand von Liebe und Hingabe zu diesem Bau so lange auf die Konsuln und Dombauverwalter einwirkten, bis er Filippo bei diesem Werk als Kompagnon zur Seite gestellt wurde.[68] Wie groß Filippos Verzweiflung und Verbitterung war, als er von der Aktion der Dombauverwalter hörte, zeigt der Umstand, daß er drauf und dran war, aus Florenz zu fliehen. Und wären nicht Donatello und Luca della Robbia[69] dagewesen, um ihn zu beschwichtigen, hätte er wohl den Verstand verloren. So frevelhaft, so grausam ist die Wut derjenigen, die geblendet von Neid, aus Ehrgeiz und Rivalität die Ehren und schönen Werke anderer in Gefahr bringen. Und sicher fehlte nur wenig, daß

Filippo wegen ihnen die Modelle und Entwürfe verbrannt und in weniger als einer halben Stunde die Arbeit so vieler Jahre gänzlich vernichtet hätte. Zunächst einmal entschuldigten sich die Dombauherren bei Filippo und bestärkten ihn zum Weitermachen, indem sie ihm versicherten, daß er und kein anderer der Erfinder und Urheber dieses Baus sei.[70] Gleichzeitig aber sprachen sie Lorenzo denselben Lohn zu wie Filippo. Mit geringer Begeisterung setzte der das Werk fort, weil er wußte, daß er die Mühen, die es bereithielt, aushalten und dann die Ehre und den Ruhm mit Lorenzo würde teilen müssen. Aber er nahm sich vor, einen Weg zu finden, damit jener sich nicht allzu lange in diesem Werk halten würde, und führte zusammen mit Lorenzo die Arbeit auf die Weise fort, die in dem Papier für die Dombauverwalter festgehalten war. In der Zwischenzeit hatte Filippo den Einfall, ein Modell[71] auszuführen, wie es noch keines gab. Er begann also und ließ es von einem gewissen Bartolomeo[72] arbeiten, einem Tischler, der nahe der Universität praktizierte. In diesem Modell, das eine maßstabsgerechte Nachbildung des Originals war, führte er alle problematischen Teile aus, wie die beleuchteten und dunklen Treppenaufgänge, alle Arten von Lichtschächten, Türen, Ringankern und Strebepfeilern, und schuf auch ein Stück des Umgangs. Als er davon hörte, wollte Lorenzo es sehen, und als Filippo ihm dies verweigerte, gab er wutentbrannt ein eigenes Modell in Auftrag, weil er nicht den Eindruck erwecken wollte, sein Gehalt umsonst zu beziehen und für nichts gut zu sein. Filippos Modell wurde mit fünfzig Lire und fünfzehn Soldi bezahlt, wie es aus einer Buchung im Register von Migliore di Tommaso vom 3. Oktober 1419 hervorgeht. Für Lorenzo Ghiberti ist eine Zahlung über dreihundert Lire für die Arbeit und die Ausgaben seines Modells belegt, was eher an seinen Beziehungen lag und an der Gunst, die er genoß, als daß es für den Bau irgendeinen Nutzen oder Vorteil gebracht hätte.[73]

Diese qualvolle Situation zog sich vor Filippos Augen bis 1426 hin, wobei sie Lorenzo genau wie Filippo als Erfinder nannten, was Filippo so mächtig aufs Gemüt schlug, daß sein Leben zum

Martyrium wurde. Als er dann verschiedene neuartige Erfindungen gemacht hatte, beschloß er, ihn ein für allemal loszuwerden, weil er wußte, wie wenig er in diesem Werk taugte. Filippo hatte die Kuppel mit beiden Schalen bereits bis zur Höhe von zwölf Ellen rundherum hochgezogen, und jetzt mußten die Ringanker aus Stein und Holz gesetzt werden. Weil das ein schwieriges Unterfangen war, wollte er sich mit Lorenzo besprechen, um herauszufinden, ob er über dieses Problem nachgedacht hatte. Und als er ihn dazu befragte, fand er ihn gänzlich unvorbereitet, Lorenzo erwiderte sogar, daß er sich dabei ganz auf ihn als Erfinder verlassen würde. Filippo gefiel Lorenzos Antwort, weil sich ihm hier ein Weg zu bieten schien, ihn von dem Werk zu entfernen und aufzudecken, daß er nicht ganz so intelligent war, wie seine Freunde es ihm bescheinigten, und daß er nur durch ihre Gunst in jene Position gelangt war. Längst saßen die am Bau beschäftigten Maurer untätig herum und warteten auf den Befehl, den Teil oberhalb der zwölf Ellen zu beginnen, die Kuppelschalen auszuführen und sie mit Ringankern zu sichern, da die Kuppel nun anfing, sich nach oben hin zusammenzuziehen. Dafür war es notwendig, Arbeitsgerüste anzubringen, damit die Hilfsarbeiter und Maurer ohne Gefahr arbeiten konnten, denn man hatte nun eine Höhe erreicht, daß allein das Herunterschauen auch das mutigste Herz in Angst und Schrecken versetzte. Die Maurer und anderen Meister warteten also auf Anweisung für die Verankerung und die Arbeitsgerüste, als aber weder von Lorenzo noch seitens Filippo ein Beschluß kam, begannen die Maurer und anderen Meister untereinander zu munkeln, weil sie nichts mehr von dem anfänglich vorgegebenen Tempo sahen. Und weil sie arme Leute waren, die von ihrer Hände Arbeit lebten und mittlerweile Zweifel hegten, ob einer der beiden den Mut haben würde, das Werk noch höher zu führen, beschäftigten sie sich so gut sie konnten am Bau, indem sie alles, was bis dato gemauert worden war, neuerlich mit Werg abdichteten und noch einmal glätteten. Eines Morgens erschien Filippo dann nicht bei der Arbeit. Nachdem er sich den Kopf verbunden hatte, legte er sich ins Bett und ließ sich, unablässig schreiend, in großer Eile Schneidebretter und Lappen anwärmen und täuschte so eine Nierenkolik vor.[74] Als die Meister, die auf ihre Arbeitsanweisungen warteten, davon hörten, fragten sie Lorenzo, womit sie fortfahren sollten, worauf jener zurückgab, daß die Leitung Filippo oblag und man auf ihn warten müsse. Da sagte einer: »Ach, du kennst seinen Plan nicht?« »Doch«, erwiderte Lorenzo, »aber ich würde nie etwas ohne ihn machen.« Er sagte dies zu seiner Entschuldigung, denn er hatte Filippos Modell ja nicht gesehen und ihn niemals nach seiner Vorgehensweise gefragt. Weil er nicht als Ignorant dastehen wollte, hielt er sich mit Äußerungen zu diesem Thema zurück und gab nur ausweichende Antworten, vor allem da er sich gegen Filippos Willen an diesem Bau beschäftigt wußte. Als dessen Leiden sich schon mehr als zwei Tage hinzog, gingen der Verwalter und zahlreiche Maurermeister ihn besuchen und baten ihn immer wieder um Anweisung, was zu tun sei. Daraufhin er: »Ihr habt doch Lorenzo, soll er mal ein bißchen was machen.« Weiter war nichts aus ihm herauszubringen. Als dies bekannt wurde, kamen Diskussionen über das Werk und schwere Vorwürfe auf: Die einen sagten, Filippo habe sich aus Kummer ins Bett gelegt, weil er den Mut für den Bau der Kuppel nicht mehr aufbrächte und es bereue, sich jemals ins Spiel gebracht zu haben. Seine Freunde hingegen verteidigten ihn: Selbst wenn es Kummer wäre, so sagten sie, wäre daran die Gemeinheit schuld, ihm Lorenzo als Kompagnon an die Seite gestellt zu haben, sein Leiden aber sei eine Kolik, die von der großen Anstrengung bei der Arbeit herrührte. So wurde also gemunkelt, während die Arbeit ruhte und die Aktivitäten der Maurer und Steinmetze nahezu alle eingestellt waren. Da murrten sie gegen Lorenzo: »Ja, er ist gut genug, sein Gehalt zu beziehen, aber Anweisung für die Arbeit geben kann er nicht. Wenn wir Filippo nicht hätten und er vielleicht für lange Zeit krank sein wird, was würde er dann tun? Ist es denn seine Schuld, daß er krank ist?« Die Dombauherren sahen sich durch diese Angelegenheit in Schimpf und Schande geraten und beschlossen, Filippo aufzusuchen. Nach ihrer Ankunft sprachen sie ihm zunächst Trost für seine Krankheit zu und berichteten ihm dann von den chaotischen Zuständen am Bau und in welche Schwierigkeiten sie durch sein Kranksein geraten waren. Mit leidenschaftlichen Worten, die seiner vorgeblichen Krankheit und der Liebe zu diesem Bau geschuldet waren, fragte Filippo: »Ist Lorenzo nicht da? Kann er denn nichts tun? Ich wundere mich schon über Euch!« »Er will nichts ohne dich unternehmen«, sagten die Dombauverwalter. »Ich«, konterte da Filippo, »könnte gut ohne ihn auskommen.« Diese so schlaue wie hintergründige Antwort genügte ihnen: Sie gingen ihrer Wege in dem Wissen, daß er an nichts anderem krankte als an dem Wunsch, allein zu arbeiten.

Sie schickten also seine Freunde, um ihn aus dem Bett zu holen, weil sie die Absicht hatten, Lorenzo vom Bau abzuziehen. Als Filippo aber an die Baustelle zurückkehrte und die Macht der Begünstigung erkannte, die Lorenzo genoß, außerdem sah, daß jener sein Gehalt ohne die geringste Anstrengung weiter beziehen würde, überlegte er sich einen anderen Weg, um ihn zu blamieren und seine mangelnde Befähigung für diesen Beruf ein für alle Mal publik zu machen. In Lorenzos Beisein hielt er den Dombauverwaltern deshalb folgende Rede: »Meine Herren vom Dombau, könnten wir über die Zeit, die uns zu leben vergönnt ist, beliebig verfügen wie über das Sterben, dann würden zweifellos viele der Dinge, die man in Angriff nimmt, auch zu Ende geführt werden und nicht unvollendet bleiben. Die plötzliche Erkrankung, die ich überstanden habe, hätte mich das Leben kosten und den Stillstand dieses Bauwerks bedeuten können. Ich habe mir deshalb folgendes überlegt: Sollte ich oder auch Lorenzo jemals wieder krank werden (wovor Gott uns bewahre), müßte der eine oder der andere in der Lage sein, mit seinem Teil fortzufahren. So wie Eure Herrschaften unser Gehalt geteilt haben, solltet ihr auch das Werk unter uns aufteilen, wodurch jeder von uns sich angespornt fühlen wird, zu zeigen, was er kann und dafür von seiten der Republik Ehre und Gewinn sicher erwarten darf. Gegenwärtig gilt es zwei schwierige Dinge umzusetzen: Das eine sind die Plattformen, die den Maurern das Arbeiten ermöglichen und den Bau innen wie außen versorgen müssen, wo also Platz für die Menschen, die Steine und den Mörtel sein muß und auch der Kran für das Hochziehen der Lasten und anderes Gerät aufgestellt werden können. Die andere Schwierigkeit stellt der Ringanker dar, der über die zwölf Ellen [Mauerwerk] gelegt werden muß und der die acht Gewölbekappen der Kuppel verbindet und den Bau so verankert, daß alles Gewicht, das aufgelegt wird, auf eine Weise nach innen drängt und verspannt wird, daß es ihn nicht überlastet oder Seitenschub entfaltet und der ganze Bau sich wie von selbst trägt. Lorenzo soll also eine dieser beiden Aufgaben übernehmen, und zwar welche er leichter auszuführen glaubt, und ich werde versuchen, die andere problemlos zu erledigen, so daß wir keine Zeit mehr verlieren. Als er davon hörte, konnte Lorenzo um seiner Ehre willen nicht einfach eine dieser Arbeiten ablehnen, und obwohl er dies ungern tat, entschloß er sich, den Ringanker zu übernehmen, der ihm als die leichtere Aufgabe erschien, zumal er auf die Ratschläge der Maurer vertraute und sich erinnerte, daß das Gewölbe von San Giovanni einen Ringanker aus Stein besaß, von dem er einen Teil, wenn nicht die gesamte Struktur übernehmen konnte. Und so legte der eine Hand an die Plattformen und der andere an den Ringanker und beide brachten ihre Arbeit zu Ende. Filippos Arbeitsplattformen waren so geistreich und ausgeklügelt gemacht, daß viele ihre frühere Meinung darüber änderten, weil die Meister so ungefährdet auf ihnen arbeiteten, Lasten hochzogen und so sicher auf ihnen standen, als würden sie sich auf ebener Erde befinden. Die Modelle besagter Plattformen sind noch immer in der Dombauhütte. Lorenzo realisierte unter größten Schwierigkeiten auf einer der acht Seiten den Anker. Als er fertig war, zeigten die Dombauverwalter ihn Filippo, der nichts zu ihnen sagte. Mit ein paar Freunden sprach er allerdings darüber und erklärte, daß ein anderes Bindeglied nötig war als dieses, es anders als jetzt ausgerichtet werden mußte und es außerdem nicht stark genug sei, das künftig auflastende Gewicht zu tragen, weil dieser Anker den Bau nicht ausreichend umklammern würde; Lorenzos Lohn, fügte er hinzu, sei zusammen mit dem Anker, den er hatte mauern lassen, eine herausgeworfene Investition. Filippos Einstellung wurde bekannt, und man forderte ihn auf, zu demonstrieren, wie ein solcher Ringanker auszusehen habe, um wirksam zu sein. Da zeigte er ihnen umgehend die Entwürfe und Modelle, die er bereits angefertigt hatte, und als die Dombauverwalter und anderen Baumeister sie sahen, erkannten sie, welchem Irrtum sie aufgesessen waren, als sie Lorenzo begünstigten. Um ihren Fehler wiedergutzumachen und zu beweisen, daß sie das Gute zu erkennen wußten, ernannten sie Filippo auf Lebenszeit zum Vorsteher und Leiter des gesamten Baus und gaben Order, daß nichts an diesem Werk ohne seine Weisung unternommen werden durfte. Als Zeichen ihrer Erkenntlichkeit schenkten sie ihm auf Erlaß der Konsuln und Dombauherren hundert Florin, die vom Notar der Dombauhütte Lorenzo Paoli am 13. August 1423 ausgebucht und ihm von Gherardo di Messer Filippo Corsini ausgezahlt wurden; außerdem sprachen sie ihm ein jährliches Gehalt von hundert Florin auf Lebenszeit zu.[75]

Jetzt gab er Befehl, mit dem Bau voranzuschreiten, und beaufsichtigte ihn mit derart sklavischer Präzision, daß kein Stein verbaut wurde, den er nicht vorher zu sehen wünschte. Lorenzo dagegen sah sich geschlagen und fast schon entehrt, wurde aber von seinen Freunden in einer Form protegiert und unterstützt, daß er weiterhin sein Gehalt bezog, weil es ihnen gelungen war, zu beweisen, daß man ihn vor Ablauf von drei Jahren nicht entlassen konnte. Filippo machte ständig und beim geringsten Anlaß Entwürfe und Modelle zu Baugerüsten und Aufbauten für das Hochziehen von Lasten. Einige boshafte Personen, die Freunde von Lorenzo waren, hinderte das allerdings nicht daran, ihn zur Verzweiflung zu treiben, indem sie ihm den lieben langen Tag Konkurrenzmodelle vorsetzten. Meister Antonio da Vercelli[76] schuf eines und auch andere Meister, die in der Gunst standen und mal von diesem, mal von jenem Bürger ins Spiel gebracht wurden, die damit ihren Wankelmut, ihr dürftiges Wissen und ihre noch geringere Kennerschaft bewiesen, hatten sie doch perfekt gelungene Dinge bei der Hand und führten statt dessen Unvollendetes und Nutzloses ins Feld.

Die Verankerungen rings um die acht Seiten waren bereits fertig und die Maurer kamen guten Mutes beherzt voran. Als Filippo sie dann aber mehr als gewöhnlich antrieb und ihnen für die Maurerarbeit und andere alltägliche Dinge ein paar Rüffel erteilte, wurden sie seiner überdrüssig. Dies und der Neid brachten die Anführer dazu, sich zusammenzuschließen und eine Verschwörung anzuzetteln, indem sie verkündeten, daß die Arbeit anstrengend und gefährlich sei und sie die Kuppel nicht ohne höhere Bezahlung einwölben wollten (obwohl ihr Gehalt schon mehr als üblich angehoben worden war), weil sie glaubten, sich auf diese Weise an Filippo rächen und Gewinn für sich herausschlagen zu können.[77] Diese Angelegenheit mißfiel den Dombauverwaltern genauso wie Filippo, und an einem Samstagabend faßte er den Entschluß, sie alle zu entlassen. Da standen sie nun, gekündigt und im Ungewissen, wie die Sache ausgehen würde, und übellaunig verfolgten sie, wie Filippo am darauffolgenden Montag zehn Lombarden mit auf die Baustelle brachte. Er blieb bei ihnen und unterwies sie mit einem »hier machst du das so und dort machst du jenes«, wodurch er ihnen im Laufe eines Tages so viel beibrachte, daß sie dort viele Wochen für ihn arbeiteten. Die gekündigten Maurer hingegen, die ihre Arbeit verloren und jene Schmach erlitten hatten, fanden keine andere Arbeit, die so einträglich gewesen wäre, weshalb sie Filippo über Mittelsmänner wissen ließen, daß sie gerne zurückkommen würden, wobei sie sich ihm anempfahlen, sosehr sie nur konnten. Filippo hielt sie viele Tage lang hin, so als wolle er sie nicht zurücknehmen. Dann stellte er sie zu einem geringeren Lohn als zuvor wieder ein, so daß sie statt hinzuzugewinnen nur eingebüßt hatten und ihr Racheakt gegen Filippo keinem anderen als ihnen selbst Schaden und Schmach bereitete. Der Aufruhr legte sich, und angesichts des mühelosen Voranschreitens des Baus fand Filippos Talent endlich Anerkennung. Und wer die Sache leidenschaftslos betrachtete, erkannte, daß er mehr Mut bewiesen hatte als vielleicht jeder andere antike oder moderne Architekt in seinen Werken. Dazu kam es, weil er sein Modell nun öffentlich ausstellte und so ein jeder sehen konnte, welch großartige Überlegung er in die Planung gesteckt hatte: bei den Treppen, den Lichtöffnungen innen und außen, aufgrund derer man keine Angst vor Stößen im Dunkeln haben mußte; der Zahl unterschiedlicher Treppengeländer aus Eisen, die er dort an den steil ansteigenden Stellen mit Überlegung angebracht hat, und daran, daß er sogar Eisenvorrichtungen für das Anbringen von Arbeitsgerüsten im Inneren vorgesehen hatte, für den Fall, daß man irgendwann Mosaike oder Malereien ausführen wollte. Außerdem hatte er an den geschütztesten Stellen verschiedene Abflüsse für das Regenwasser angelegt, von denen einige gedeckt, andere ungedeckt waren, dazu systematisch verteilte Löcher und vielerlei Öffnungen, in denen sich der Wind brechen konnte und die dafür sorgten, daß Rauch oder Erdbeben keinen Schaden anrichten würden. Damit zeigte er, wie viel ihm das Studium während seines langjährigen Aufenthalts in Rom genutzt hatte. Und bedachte man, was er beim Abschrägen, Verzapfen, Verfugen und Verbinden der Steine vollbrachte, dann ließ einen der Gedanke, daß ein einzelner Kopf zu alledem in der Lage sein sollte, was Filippo geleistet hat, kleinmütig erbeben. Ständig entwickelte er sich derart weiter, daß es nichts gab, so schwierig und widerspenstig es auch sein mochte, was er nicht einfach und mühelos werden ließ. Er zeigte das beim Anheben der Gewichte mit Hilfe von Gegengewichten und Rädern, wo nun ein einziger Ochse ziehen konnte, was sonst sechs Paare gerade eben hätten ziehen können.

Der Bau war unterdessen so sehr in die Höhe gewachsen, daß es, war man einmal oben angekommen, unglaublich umständlich war, wieder zur Erde herabzusteigen. Die Meister verloren deshalb viel Zeit, wenn sie zum Mittagessen und Trinken gingen, und am Tag litten sie wegen der Hitze große Qualen. Aus diesem Grund ersann Filippo ein System, in der Kuppel Gastschenken mit Küchen zu eröffnen, in denen auch Wein verkauft wurde, so daß bis zum Abend niemand den Arbeitsplatz verließ, was für die Arbeiter bequem und für das Werk von allergrößtem Nutzen war. Als Filippo sah, wie schnell der Bau voranschritt und wie glücklich er gelang, beflügelte ihn das so sehr,

Filippo Brunelleschi: Laterne. Santa Maria del Fiore, Florenz

daß er ständig im Einsatz war. Er begab sich persönlich in die Ziegelbrennereien, wo die Ziegel geglättet wurden; er wollte den Ton sehen und ihn kneten, und nachdem sie gebrannt waren, wünschte er sie eigenhändig und mit größter Sorgfalt auszuwählen. Den Steinmetzen untersuchte er die Steine auf Risse, prüfte ihre Festigkeit und gab ihnen für die Gehrungsschnitte und Verbindungsstellen Vorlagen aus Holz, Wachs und zuweilen auch solche, die in große Rüben geschnitzt waren; und bei den Schmieden tat er dasselbe mit den Eisenbeschlägen. Er erfand Haken mit Köpfen und Haspen, die eine große Vereinfachung der Architektur bedeuteten, die durch ihn sicher eine Perfektion erreichte, die es bei den Toskanern vielleicht nie gegeben hat. Glück und Freude war Florenz dann im Jahr 1423 beschieden, als Filippo zu einem der Signoren im Stadtteil San Giovanni gewählt wurde, und zwar für die Monate Mai und Juni, während man Lapo Niccolini im Stadtteil Santa Croce zum Gonfaloniere della Giustizia ernannte.[78] Und wenn er in den Annalen der Zunftvorsteher unter dem Namen Filippo di Ser Brunellesco Lippi geführt wird, muß das niemanden wundern, weil er nach seinem Großvater Lippo so genannt wurde, und nicht Lapi, wie es eigentlich hätte sein sollen. Diesen Usus kann man in besagten Annalen in unzähligen anderen Fällen sehen, wie jeder weiß, der sie gesehen hat und der die Gebräuche jener Tage kennt. Filippo übte dieses Amt wie auch andere öffentliche Posten aus, die ihm in seiner Stadt übertragen wurden, und immer hat er in ihnen ein äußerst gemessenes Urteil erkennen lassen.

Filippo sah, daß die beiden Wölbungen sich bereits zur Öffnung hin zu schließen begannen, an der die Laterne ansetzen sollte [siehe links]. Für beide hatte er in Rom und Florenz schon mehrere Modelle aus Ton und Holz angefertigt, die noch keiner zu Gesicht bekommen hatte, und so blieb ihm nur noch, sich endgültig zu entscheiden, welches davon er ins Werk setzen wollte. Er beschloß, die Galerie zu vollenden, und stellte dafür verschiedene Entwürfe her, die nach seinem Tod in der Dombauhütte blieben, heute allerdings aufgrund der Nachlässigkeit der Verwalter verlorengegangen sind. Unserer Tage hat man einen Teil [der Galerie] auf einer der acht Seiten ausgeführt, um fertig zu werden, weil sie aber mit jener Bauweise nicht harmonierte, wurde sie auf Michelangelo Buonarrotis Anraten aufgegeben und nicht weiter fortgesetzt.[79] Außerdem hatte Filippo eigenhändig ein Modell für die Laterne hergestellt: achtseitig wie die Kuppel war es proportional auf sie abgestimmt und hinsichtlich Erfindung und Abwechslungsreichtum der Verzierungen wirklich sehr schön gelungen. Er schuf dort eine Treppe, die zur Kugel hochführte, was ein göttlicher Einfall war. Weil Filippo aber den unteren Eingang mit einem kleinen Holzstück verschlossen hatte, wußte außer ihm keiner von diesem Aufgang.[80] Obwohl er also sehr gefeiert wurde und Neid und Arroganz an vielen Stellen längst besiegt hatte, konnte er doch nicht verhindern, daß angesichts dieses Modells alle in Florenz anwesenden Meister ebenfalls welche in unterschiedlicher Ausführung vorlegten. Sogar eine Frau aus der Familie Gaddi erkühnte sich, in Konkurrenz zu Filippos Entwurf zu treten. Er aber lachte nur über ihre Anmaßung. Viele seiner Freunde rieten ihm, sein Modell keinem der anderen Künstler zu zeigen, damit sie nichts davon ableiten würden. Seine Antwort an sie war, daß es nur ein einziges wahres Modell gebe und die anderen nichts wert seien. Einige dieser Meister hatten in ihren Modellen Teile von dem Filippos übernommen, und wenn Filippo so etwas sah, sagte er: »Das nächste Modell, das er ausführen wird, wird mein eigenes sein.« Von allen Seiten wurde er mit Lob überhäuft, weil aber der Aufstieg in die Kugel nicht einsehbar war, befanden sie die Lösung als mangelhaft. Trotzdem beschlossen die Dombauverwalter, ihm besagtes Werk zu übertragen, unter der Voraussetzung, daß er ihnen den Aufgang zeigen würde. Also entfernte Filippo das kleine Stückchen Holz im unteren Teil des Modells und zeigte ihnen im Inneren eines Pfeilers den Aufgang, wie man ihn heute sieht: Er hat die Form eines hohlen Blasrohrs, wo auf einer Seite eine Röhre mit Steigeisen aus Bronze verläuft, über die man, einen Fuß über den anderen setzend, bis oben hinaufsteigen kann. Und weil er aufgrund seines hohen Alters die Vollendung der Laterne nicht erleben würde, hinterließ er testamentarisch, daß sie so gebaut werden sollte, wie das Modell es vorsah und wie er es schriftlich formuliert hatte. Andernfalls, erklärte er, würde der Bau einstürzen, da die Kuppel im *quarto acuto* gewölbt sei und deshalb einer Auflast bedürfe, um größere Stabilität zu bekommen. Es war ihm nicht vergönnt, diesen Bauteil vor seinem Tod vollendet zu sehen, er hatte ihn aber bereits mehrere Ellen hochgezogen und nahezu allen Marmor, der dafür benötigt wurde, akkurat behauen und vorbereiten lassen. Als er antransportiert wurde, staunten die Leute darüber, wie viel Gewicht er auf die Wölbung laden wollte. Viele Fachleute waren der Ansicht, daß die Wölbung diese Last nicht tragen könne; ihnen schien es schon ein großes Glück, daß er sie bis zu diesem Punkt hatte ausführen können, sie jetzt noch so sehr befrachten zu wollen würde einer Herausforderung Gottes gleichkommen. Filippo hat sich darüber immer lustig gemacht. Er hatte längst alle Maschinen und sämtliches Arbeitsgerät, das für den Bau notwendig sein würde, vorbereitet und verbrachte seine gesamte Zeit mit dem Vorhersehen, Vorbereiten und Besorgen aller Einzelheiten, ja er achtete sogar darauf, daß die behauenen Marmorblöcke beim Heraufziehen nicht an den Ecken abgestoßen wurden, und ließ auch die Bögen der Tabernakel mit schützenden Gestellen aus Holz mauern. Für den Rest gab es, wie gesagt, schriftliche Anweisungen und Modelle. Wie schön dieser Bau ist, beweist er selbst: Vom Erdboden bis zum Ansatz der Laterne mißt seine Höhe hundertvierundfünfzig Ellen; das Laternengebäude ist sechsunddreißig Ellen und die Kupferkugel vier Ellen hoch; das Kreuz mißt acht Ellen, und so ist er insgesamt zweihundertundzwei Ellen hoch.[81] Mit Sicherheit kann man sagen, daß die antiken Menschen ihre Bauwerke niemals so sehr in die Höhe bauten und sich auch niemals einem so großen Risiko aussetzten, den Himmel herausfordern zu wollen. Denn in der Tat scheint diese Kuppel es auf eine Herausforderung anzulegen, wenn man sie zu solchen Höhen aufsteigen sieht, daß sie den Bergen gleicht, die rings um Florenz liegen. Und tatsächlich scheint der Himmel sie zu beneiden, denn tagtäglich wird sie von Blitzen getroffen.[82]

Filippo Brunelleschi: Pazzi-Kapelle. Santa Croce, Florenz

Filippo schuf, während dieser Bau realisiert wurde, noch viele andere Gebäude, die wir hier im folgenden der Reihe nach erwähnen werden.[83] Von seiner Hand stammt das Modell für den Kapitelsaal in Santa Croce in Florenz [siehe oben], ein abwechslungsreiches und sehr schönes Werk für die Familie Pazzi,[84] außerdem das Modell für das Haus der Busini,[85] das Wohnungen für zwei Familien bot. Desgleichen das Modell für das Waisenhaus und die Loggia der Innocenti [siehe rechts], deren Gewölbe ohne Gerüst realisiert wurde, mittels einer Technik, die auch

Filippo Brunelleschi: Ospedale degli Innocenti (Findelhaus), Florenz

heute noch von jedermann eingesetzt wird.[86] Es heißt, daß Filippo nach Mailand geholt wurde, um für Herzog Filippo Maria das Modell einer Festung zu entwerfen, und er deshalb die Baustelle des Waisenfindelhauses in die Obhut seines engen Freundes Francesco della Luna[87] gab.[88] Jener Francesco schuf eine umlaufende Architrav-Einfassung, was gemäß den Regeln der Architektur falsch ist. Als Filippo ihn nach seiner Rückkehr anfuhr, warum er das gemacht habe, antwortete er, ihm habe der Kirchtempel von San Giovanni als Vorlage gedient, der ja antik sei. Da erwiderte Filippo: »Ein einziger Fehler ist an diesem Bau und den hast du übernommen.«[89] Das von Filippo eigenhändig ausgeführte Modell dieses Gebäudes befand sich viele Jahre lang im Zunfthaus von Por Santa Maria, wo es viel Beachtung fand, weil man einen Rest des Baus noch vollenden mußte; heute ist es allerdings verloren.[90] Für Cosimo de' Medici schuf er das Modell für die Abtei der Regularkanoniker von Fiesole mit einer dekorreichen Architektur, die komfortabel und freundlich, kurz einfach herrlich ist.[91] Die Kirche mit Tonnengewölbe ist weiträumig und die Sakristei genauso komfortabel wie der Rest des Klosters. Besonders zu beachten ist, wie er in dem Gebäude, für dessen Errichtung er an der abschüssigen Flanke jenes Berges eine ebene Fläche schaffen mußte, mit großem Urteilsverstand die unteren Räume nutzte, wo er Keller, Waschräume,

Öfen, Ställe, Küchen, Kammern für das Feuerholz und so viel anderen Komfort unterbrachte, daß man unmöglich Besseres sehen kann. Damit hatte er eine waagerechte Grundfläche für das Gebäude geschaffen und konnte nun ebenerdig die Loggien, das Refektorium, die Krankenstation, das Noviziat, das Dormitorium, die Bibliothek und weitere für ein Kloster relevante Räume errichten. All dies ließ der erlauchte Cosimo de' Medici auf eigene Kosten ausführen, was er einerseits aus Frömmigkeit tat, mit der er der christlichen Religion stets ergeben war, andererseits aus Zuneigung zu Don Timoteo[92] aus Verona, dem hochverehrten Prediger jenes Ordens. Um dessen Gesellschaft noch öfter genießen zu können, ließ er für sich selbst viele Räume in diesem Kloster bauen und wohnte dort, wie es ihm genehm war. Cosimo gab für diesen Bau, wie man in einer Inschrift sieht, hunderttausend Scudi aus. Er entwarf gleichfalls das Modell für die Festung von Vico Pisano.[93] In Pisa entwarf er die alte Zitadelle, befestigte den Ponte a Mare und lieferte für die neue Zitadelle den Entwurf für den Abschluß der Brücke mit zwei Wehrtürmen.[94] Er schuf das Modell für die Hafenfestung von Pesaro und plante, zurück in Mailand, viele Projekte für den Herzog und für die Baumeister des städtischen Doms.[95]

In Florenz war zu dieser Zeit mit dem Bau der Kirche San Lorenzo begonnen worden; Auftraggeber waren die Bewohner jener Gemeinde, die den Prior zum Bauleiter jenes Bauwerks ernannt hatten, eine Person, die vorgab, sich in der Architektur auszukennen, und sie aus Liebhaberei zum Zeitvertreib praktizierte. Schon hatte man mit dem Bau von Pfeilern aus Backstein begonnen, als Giovanni di Bicci de' Medici,[96] der den Gemeindemitgliedern und dem Prior versprochen hatte, auf seine Kosten die Sakristei und eine Kapelle ausführen zu lassen, Filippo eines Morgens zum Essen einlud und ihn nach einem langen Gespräch fragte, was er denn vom Baubeginn von San Lorenzo halten würde.[97] Auf Giovannis nachdrückliche Bitten hin sah Filippo sich gezwungen, seine Meinung zu äußern; weil er ihm die Wahrheit sagen wollte, kritisierte er viele Aspekte des Baus, der offenkundig von der Hand eines Menschen geplant sei, der viel-

Filippo Brunelleschi: San Lorenzo, Florenz

leicht mehr Bildung als Erfahrung in solchen Bauvorhaben besaß. Giovanni erkundigte sich daraufhin bei Filippo, ob es denn möglich wäre, etwas Besseres und Schöneres auszuführen, worauf Filippo erwiderte: »Ganz ohne Zweifel. Und ich wundere mich über Euch, der Ihr der Kopf des Ganzen seid, daß Ihr nicht mehrere tausend Scudi ausschreibt und ein Kirchengebäude mit all den Bestandteilen errichten laßt, die dem Ort und so vielen vornehmen Grabbesitzern angemessen sind. Sobald diese Euch den Anfang machen sehen, werden auch sie den Bau ihrer eigenen Kapellen nach besten Kräften vorantreiben, zumal von uns kein anderes Andenken bleibt als die Mauern, die Hunderte und Tausende von Jahren Zeugnis davon geben, wer ihr Erbauer gewesen ist.« Bestärkt durch Filippos Worte, beschloß Giovanni, die Sakristei und die Hauptkapelle zusammen mit dem gesamten Kirchengebäude zu errichten [siehe oben und Seite 54], obwohl sich nur sieben Familien beteiligen wollten, da die anderen nicht über die entsprechenden Mittel verfügten. Es handelte sich um die Familien Rondinelli, Ginori dalla Stufa, Neroni, Ciai, Marignolli, Martelli und Marco di Luca, deren Kapellen in den Kreuzarmen erbaut werden sollten. Als erstes nahm man die Sakristei in Angriff und dann Stück für Stück den Rest der Kirche. Nach und

Filippo Brunelleschi: Alte Sakristei, San Lorenzo, Florenz

nach wurden dann die anderen Kapellen im Langhaus an Bürger aus der Gemeinde abgetreten. Das Dach der Sakristei war noch nicht fertig, als Giovanni de' Medici aus dem Leben schied und seinen Sohn Cosimo hinterließ. Dieser war unternehmungsfreudiger als der Vater und hatte außerdem Vergnügen an bleibenden Monumenten, weshalb er den Bau fortführen ließ. Es war das erste Bauwerk, das er errichten ließ, und weil ihm das so viel Freude bereitete, hat er seit dieser Zeit bis zu seinem Tod immer bauen lassen. Cosimo trieb dieses Werk mit größerem Eifer voran und ließ, während eine Sache vorbereitet wurde, eine andere vollenden. Weil er den Bau als Zeitvertreib übernommen hatte, war er nun fast ständig dort, und so war es seiner Betriebsamkeit zu verdanken, daß Filippo die Sakristei schuf und Donatello die Stuckarbeiten, die Rahmenleiste aus Stein für die kleinen Türen und die Bronzetüren ausführte.[98] Das Grab für seinen Vater Giovanni ließ er in der Mitte der Sakristei schaffen, unter einer großen, von vier Säulchen getragenen Marmorplatte, wo die Priester die Meßgewänder anlegen. Am selben Ort ließ er das nach Frauen und Männern getrennte Familiengrab einrichten.[99] Und in einem der beiden Kämmerchen, die den Altar besagter Sakristei flankieren, wurde von ihm in einer Ecke ein Brunnen und ein Platz für einen Waschtisch angelegt. Kurz, man sieht, daß an diesem Bau alles mit großem Urteilsvermögen ausgeführt ist. Giovanni und die anderen hatten den Chor in der Mitte unterhalb der Apsis geplant. Cosimo änderte dies auf Filippos Wunsch, der die Hauptkapelle, die zuvor als kleinere Nische geplant war, so viel größer konzipierte, daß man darin den Chor so anlegen konnte, wie man ihn heute sieht. Als man damit fertig war, blieb noch die zentrale Kuppel und der Rest der Kirche auszuführen. Die Kuppel und das Verbliebene wurden allerdings erst nach Filippos Tod eingewölbt. Die Kirche ist einhundertvierundvierzig Ellen lang und man sieht dort viele Fehler. Einer besteht darin, die Säulen ohne einen Sockel aufgesetzt zu haben, der in seiner Höhe den Basen der Pilaster entsprechen würde, die auf den Stufen stehen. Weil nun die Pilaster kürzer wirken als die Säulen, scheint der ganze Bau zu hinken.[100] Schuld an alledem waren die Vorschläge seiner Nachfolger, die neidisch auf sein Ansehen waren und zu seinen Lebzeiten die Gegenmodelle ausgeführt hatten, für die Filippo sie allerdings mit Sonetten bloßstellte.[101] Nach seinem Tod rächten sie sich dafür nicht nur an diesem Werk, sondern an allem, was ihnen zur Fertigstellung überlassen worden war. Er hinterließ ein Modell für die Kanonikerwohnungen der Priester von San Lorenzo, wovon er einen Teil vollendete und dort auch den einhundertvierundvierzig Ellen langen Kreuzgang schuf.[102]

Während die Arbeit an diesem Bau voranschritt, wollte Cosimo de' Medici sich einen Palast bauen lassen und weihte Filippo in sein Vorhaben ein. Dieser stellte alle anderen Verpflichtungen hintan und schuf ihm ein wunderschönes großes Modell für besagten Palast, den er gegenüber von San Lorenzo ringsum freistehend auf dem Platz errichten wollte. Filippos Meisterschaft war dort allerdings in einer Form am Werk gewesen, daß Cosimo der Bau allzu prunkvoll und imposant erschien und er, vor allem um keinen Neid zu erregen und gar nicht einmal wegen der Kosten, von seiner Realisierung absah. Während er an dem Modell arbeitete, pflegte Filippo zu sagen, daß er dem Schicksal für diese Gelegenheit dankte, weil er nun ein Haus bauen würde, wie er es sich seit vielen Jahren gewünscht hatte, und nun auf jemanden gestoßen war, der die Möglichkeit und den Willen zu seiner Durchführung besaß. Als er dann von Cosimos Entschluß hörte, den Bau nicht zu realisieren, schlug er den Entwurf voll Erbitterung in tausend Stücke.[103] Cosimo aber bereute es sehr wohl, Filippos Entwurf nicht ausgeführt zu haben, weil er dann jenen anderen Palast errichten ließ. Jedenfalls pflegte Cosimo zu sagen, daß er niemals mit einem intelligenteren und beherzteren Mann gesprochen habe als Filippo.

Auch schuf er im Auftrag der Adelsfamilie Scolari das Modell für den sehr eigenwilligen Sakralbau von [Santa Maria degli] Angeli [siehe rechts].[104] Er blieb unvollendet in dem Stadium, in dem man ihn heute sieht, weil die Florentiner alles Geld, das dafür in der Pfandleihe hinterlegt war, für diverse Belange der Stadt oder, wie einige sagen, für den Krieg gegen Lucca ausgaben. In diesen floß auch das Geld, das Niccolò da Uzzano[105] für den Bau der Universität dort hinterlegt hatte, wie es an anderer Stelle ausführlich berichtet worden ist. In Wahrheit ist es so, daß dieser Sakralbau von [Santa Maria degli] Angeli, wenn man ihn nach Brunelleschis Modell fertiggestellt hätte, eines der außerordentlichsten Bauwerke Italiens gewesen wäre, denn schon was zu sehen ist, kann nicht genug gelobt werden. Filippos eigenhändige Zeichnungen vom Grundriß und der fertigen Gestalt des oktogonalen Kirchtempels befinden sich zusammen mit an-

Filippo Brunelleschi: Santa Maria degli Angeli, Florenz

deren Zeichnungen von ihm in unserem *libro*.[106] Auch plante Filippo für Messer Luca Pitti[107] vor der Porta San Niccolò in Florenz an einem Ort namens Ruciano einen prachtvollen und herrlichen Palast.[108] Er kann allerdings bei weitem nicht mit jenem mithalten, den er für denselben Auftraggeber in Florenz begann und in so imposanter Größe und Pracht bis zur zweiten Fensterreihe ausführte, daß man im toskanischen Stil bislang nichts gesehen hat, das außerordentlicher oder herrlicher gewesen wäre. Die Höhe der Türen mißt zweimal ihre Breite, im Verhältnis sechzehn zu acht Ellen. Die Fenster im Erdgeschoß und in der ersten Etage haben dieselben Proportionen wie die Türen und auch die Gewölbe sind verdoppelt. Dabei ist das ganze Gebäude so kunstvoll entworfen, daß man sich keine Architektur vorzustellen vermag, die schöner oder herrlicher wäre.[109]

Der Erbauer dieses Palasts war der Florentiner Architekt Luca Fancelli,[110] der für Filippo viele Bauten realisierte. Für Leon Battista Alberti[111] errichtete er den Chor der Annunziata in

Florenz[112] im Auftrag von Lodovico Gonzaga,[113] der ihn nach Mantua holen ließ. Er führte dort viele Werke aus, nahm sich eine Frau und lebte und starb dort, wo seine Nachkommen noch immer nach seinem Namen die Luchi genannt werden. Es ist noch nicht so viele Jahre her, daß die hochverehrte Frau Eleonora von Toledo,[114] die Herzogin von Florenz, auf Anraten des ehrwürdigen Herzogs Cosimo, ihres Gemahls, diesen Palast erworben hat.[115] Sie hat die Grundfläche ringsum so sehr ausgedehnt, daß sie einen riesigen Garten anlegen konnte, der sich teils in der Ebene, teils auf einem Hügel und über den Abhang erstreckt. Sie hat ihn mit allen Arten von Zuchtpflanzen und wilden Gewächsen wunderschön bepflanzt und liebreizende Wäldchen mit unzähligen Arten immergrüner Bäume angelegt. Schweigen will ich von den Gewässern, Brunnen, Wasserleitungen, Fischteichen, Vogelherden und Spalieren und unendlich vielen Dingen mehr, die eines großmütigen Fürsten würdig sind. Und ich sage dazu nichts, weil es unmöglich ist, sich die Größe und Schönheit dieses Ortes vorzustellen, wenn man es nicht mit eigenen Augen gesehen hat. In Wahrheit hätte Herzog Cosimo nichts in die Hände fallen können, das der Macht und Größe seines Geistes angemessener gewesen wäre als dieser Palast, der in der Tat so scheint, als sei er von Messer Luca Pitti nach einem Entwurf Brunelleschis für Seine hochverehrte Exzellenz erbaut worden. Messer Luca ließ ihn aufgrund der Querelen, die er mit dem Staat hatte, unvollendet, und seine Erben, die nicht die Mittel zu seiner Fertigstellung hatten, waren froh, ihn der Frau Herzogin überlassen zu können.[116] Diese hat ein Leben lang kontinuierlich Geld in ihn gesteckt, allerdings nicht genug, um auf eine rasche Fertigstellung hoffen zu dürfen. Wohl ist aber wahr, was ich einst gehört habe, daß sie nämlich zu Lebzeiten bereit war, in einem einzigen Jahr vierzigtausend Dukaten auszugeben, um ihn wenn schon nicht fertig, so doch auf einem guten Weg zur Vollendung zu sehen. Da Filippos Modell nicht mehr aufzufinden war, hat Seine Exzellenz von dem hervorragenden Bildhauer und Architekten Bartolomeo Ammannati[117] ein anderes anfertigen lassen, nach dem nun gearbeitet wird; ein großer Teil des Innenhofs ist bereits fertig, in Rustika-Optik wie am Außenbau. Und tatsächlich fragt man sich angesichts der Ausmaße dieses Gebäudes, wie Filippos Geist einen so großen Bau ersinnen konnte, der wirklich herrlich ist, und zwar nicht nur an der Außenfassade, sondern auch in der Einteilung aller Räume. Nichts sage ich zur wunderschönen Aussicht und zu den lieblichen Hügeln, die sich fast einem Theater gleich rings um den Palast in Richtung der Mauern ziehen, denn wie ich schon sagte, würde eine vollständige Beschreibung viel zu lange dauern, und wer ihn nicht gesehen hat, der kann sich nicht vorstellen, wie sehr er jeder anderen königlichen Residenz überlegen ist. Wie es heißt, hat Filippo auch die mechanischen Vorrichtungen für die Paradiesdarstellung von San Felice in Piazza erfunden, um die Aufführung oder besser das Verkündigungsfest abhalten zu können, das man in Florenz seit alters her an diesem Ort zu veranstalten pflegte.[118] Es war ein wirklich herrlicher Apparat, der die Begabung und Geschicklichkeit seines Erfinders demonstrierte, da man hoch oben einen Himmel voll lebendiger, sich bewegender Figuren sah und zahllose Lichter, die blitzartig aufleuchteten und wieder verschwanden. Ich möchte aber nicht die Mühe scheuen, die Vorrichtungen dieser Maschine genau zu beschreiben, denn alles davon ist zerstört, und die Personen, die aus Erfahrung etwas darüber hätten erzählen können, sind gestorben. Außerdem gibt es keinen Anlaß, auf ihre Wiederherstellung zu hoffen, da der Ort heute nicht mehr von den Kamaldulensermönchen bewohnt wird, sondern von den Nonnen vom Heiligen Petrus Martyr. Vor allem aber, weil auch die Maschine der Carmine zerstört worden ist, wo sie die Balken, die das Dach tragen, herunterzureißen drohte. Filippo hatte also zu diesem Zweck zwischen zwei Balken, die das Dach der Kirche trugen, eine Halbkugel in Form einer leeren Schüssel oder umgedrehten Barbierschale angebracht. Diese Halbkugel war aus dünnen, leichten Brettern gemacht, die an einem eisernen Stern befestigt waren, der die Achse besagter Halbkugel drehte. Diese Bretter verjüngten sich zum Gleichgewichtspunkt im Zentrum hin, wo ein großer Eisenring angebracht war, um den der eiserne Stern, der die Halbkugel aus

Holzbrettern hielt, rotierte. Dieser ganze Apparat wurde von einem starken Balken aus Tannenholz gehalten, der mit Eisen ordentlich beschlagen quer über die Dachträger gelegt war. An diesem Balken war dann der Ring befestigt, der die Halbkugel in der Schwebe und im Gleichgewicht hielt, so daß sie vom Boden aus in der Tat wie ein Himmelsgewölbe erschien. Am Fuß des inneren Randes waren hölzerne Plattformen angebracht, gerade so groß, daß ein Mensch darauf stehen konnte, und dazu auf der Höhe von einer Elle eine ebenfalls auf der Innenseite angebrachte eiserne Krampe. Auf jede dieser Plattformen wurde ein Junge von circa zwölf Jahren plaziert und mit einer eisernen Klammer gesichert, die sich auf der Höhe von eineinhalb Ellen befand; auf diese Weise konnte er nicht herunterfallen, selbst wenn er dies gewollt hätte. Diese Kinder, insgesamt zwölf an der Zahl, standen also wie gesagt auf den Plattformen und waren wie Engel gekleidet, mit goldenen Flügeln und goldgesträhnten Haaren. War der Moment gekommen, faßten sie einander an den Händen und bewegten die Arme, so daß es aussah, als würden sie tanzen, um so mehr als die Halbkugel sich kontinuierlich bewegte und drehte. Im Inneren derselben waren über den Köpfen der Engel drei Kreise oder Kränze von Lichtern in Form von kleinen Öllämpchen angebracht, die nicht umfallen konnten. Vom Boden wirkten diese Lichter wie Sterne, und die mit Watte verkleideten Plattformen sahen wie Wolken aus. Aus dem oben erwähnten Ring ragte eine sehr dicke Eisenstange heraus, mit einem weiteren Ring am Ende, an dem ein dünnes Seil befestigt war, das, wie noch erklärt werden wird, bis auf den Boden reichte. Diese dicke Eisenstange besaß acht bogenförmige Arme, ausreichend lang, den Hohlraum der Halbkugel auszufüllen. Am Ende jedes Arms befand sich eine Plattform in der Größe eines Schneidebretts. Auf jeder Plattform stand ein Junge von ungefähr neun Jahren, der mit einer an den eisernen Arm geschweißten Eisenhalterung gut gesichert war, allerdings mit so viel Spielraum, daß er sich in alle Richtungen drehen konnte. Diese an besagter Stange fixierten acht Engel wurden mittels einer kleinen, allmählich nachgebenden Winde aus dem Hohlraum der Halbkugel bis zur Höhe der flachen Bretter, die das Dach tragen, acht Ellen tiefer herabgelassen. Auf diese Weise waren sie sichtbar, ohne den Blick auf die Engel zu verstellen, die rings um den inneren Rand der Halbkugel plaziert waren. In diesem Strauß der acht Engel (wie er passenderweise genannt wurde) befand sich in der Mitte eine kupferne Mandorla, die innen hohl war. In vielen Löchern waren von innen auf einer Stange wie Kanonen kleine Lampen angebracht. Sobald eine Feder heruntergedrückt wurde, verschwanden sie alle im Hohlraum der kupfernen Mandorla, löste man die Feder wieder, sah man die Lichter wieder durch die Löcher aufleuchten. Sobald der Strauß [Engel] seinen Platz erreicht hatte, senkte sich mittels einer zweiten Winde die an jenem dünnen Tau befestigte Mandorla ganz langsam ab und setzte schließlich auf der Bühne auf, wo das Festspiel seinen Lauf nahm. Auf der Bühne befand sich an der Stelle, wo die Mandorla aufsetzte, ein Podium in Form eines vierstufigen Throns, der in der Mitte ein Loch aufwies, in das die Eisenspitze der Mandorla gerade hineinstieß. Unter dem Thron befand sich ein Mann, der die Mandorla, sobald sie ihren Platz erreicht hatte, unbemerkt mit einem Bolzen fixierte, so daß sie sicher aufrecht stand. Im Inneren der Mandorla befand sich ein als Engel verkleideter Jüngling von ungefähr fünfzehn Jahren, der mit einer Eisenhalterung in der Mitte und einem Bolzen am Fuß der Mandorla so gesichert war, daß er nicht fallen konnte. Damit er trotzdem niederknien konnte, war besagte Eisenhalterung in drei Elemente unterteilt, die sich beim Hinknien mühelos ineinanderschoben. Wenn der Strauß heruntergekommen und die Mandorla auf dem Thron abgesetzt war, entriegelte der Mann, der die Mandorla verbolzte, auch die Eisenhalterung, die den Engel sicherte. Dieser trat heraus und ging über die Bühne zu der Stelle, an der die Jungfrau stand, grüßte sie und sprach die Verkündigung. Dann kehrte er in die Mandorla zurück, wo die Lichter, die bei seinem Verlassen erloschen waren, wieder angingen, und wurde erneut von dem vor den Blicken verborgenen Mann mit der Eisenhalterung gesichert, der Bolzen, der die Mandorla hielt, wurde entfernt und die Mandorla wieder hochgezogen. Dazu sang der

Strauß Engel und jene, die am Himmel kreisten, so daß es wirklich wie ein Paradies erschien, um so mehr als am äußeren Rand der Kugel neben dem Engelschor und dem Strauß Gottvater in einem Reigen von Engeln schwebte, die den oben beschriebenen ähnelten und mit Eisenhalterungen gesichert waren. Auf diese Weise ergaben der Himmel, der Strauß, Gottvater und die Mandorla zusammen mit unzähligen Lichtern und lieblichster Musikbegleitung eine glaubwürdige Darstellung des Paradieses. Um den Himmel öffnen und schließen zu können, hatte Filippo zusätzlich zwei große Türen anfertigen lassen, jede in Höhe und Breite fünf Ellen messend, die horizontal auf Rillen mit Eisen- oder Kupferrollen aufsaßen. Diese Rillen waren geölt, und zog man mittels einer kleinen Winde an einem dünnen Seil, das sich zu beiden Seiten befand, öffnete und schloß sich die Tür nach Belieben, indem sich die beiden Türflügel horizontal auf den Rillen zueinander oder auseinander bewegten. Die auf diese Weise gefertigten Türen hatten einen doppelten Effekt: Erstens machten sie aufgrund ihres Gewichts beim Aufziehen einen Lärm, der wie Donner klang; in geschlossenem Zustand hingegen dienten sie als Plattform für das Herrichten der Engel und die Vorbereitung des übrigen Zubehörs. Diese Apparate und viele andere mehr hat Filippo erfunden, auch wenn einige behaupten, daß sie viel früher erfunden wurden. Wie dem auch sei, es war gut, darüber zu sprechen, da sie ganz aus der Mode gekommen sind.

Kommen wir aber zu Filippo zurück: Er war zu solchem Ruhm und Ansehen aufgestiegen, daß man aus der Ferne nach ihm rufen ließ, wenn es Bauwerke zu errichten galt, weil man Zeichnungen und Modelle von der Hand eines so bedeutenden Mannes haben wollte. Dafür ließ man Beziehungen spielen und setzte alle zur Verfügung stehenden Mittel ein. Unter anderem wünschte der Markgraf von Mantua, ihn zu sich zu holen, weshalb er mit großem Nachdruck an die Signoria von Florenz schrieb. Diese entsandte ihn dorthin, wo er 1445 die Entwürfe für die Deiche am Po lieferte und viele andere Projekte auf Wunsch jenes Fürsten realisierte, der ihn unendlich verwöhnte.[119] Dabei pflegte er zu sagen, daß Florenz genauso würdig war,

Filippo Brunelleschi: Santo Spirito, Florenz

Filippo als Bürger zu zählen, wie er, eine so noble und schöne Stadt seine Heimat nennen zu dürfen. Das gleiche geschah in Pisa, wo Graf Francesco Sforza[120] und Niccolò von Pisa[121] angesichts einiger Befestigungsbauten Filippos überwältigt waren und ihn in seiner Gegenwart mit den Worten priesen, daß jeder Staat, der über einen Mann wie Filippo verfügen würde, seine Sicherheit ohne den Einsatz von Waffen garantieren könne.[122]

Außerdem lieferte Filippo in Florenz den Entwurf für das Haus der Barbadori[123] neben dem Turm der Rossi im Borgo San Jacopo, der allerdings nicht zur Ausführung kam, und auch den Entwurf für das Haus der Giuntini[124] auf der Piazza d'Ognissanti am Arno. Später beschlossen die Anführer der Guelfen-Partei von Florenz dann den Bau eines Amtssitzes mit Halle und Audienzsaal und übertrugen die Leitung Francesco della Luna [siehe Seite 63], der ihn begann und bereits bis zur Höhe von zehn Ellen über dem Boden – allerdings mit vielen Fehlern – hochgezogen hatte, als man ihn Filippo übertrug, der diesem Palast dann jene prächtige Gestalt verlieh, die wir heute sehen.[125] Dabei mußte er mit besagtem Francesco konkurrieren, der von vielen Seiten Unterstützung erhielt, so wie es ihm sein ganzes Leben lang ergangen war, wo er mal mit dem einen, mal mit dem anderen zu kämpfen hatte, unablässig gepeinigt und bekriegt wurde und sie recht häufig sogar versuchten, sich mit seinen Entwürfen zu profilieren. Dies hat am Ende dazu geführt, daß er nichts mehr offen zeigte und keinem mehr traute. Der Saal dieses Palasts dient heute nicht mehr den erwähnten Parteiführern. Die Überschwemmung im Jahr 1557 hat dem Archiv der Pfandleihe so großen Schaden zugefügt, daß Herzog Cosimo es zum Schutz dieser Aufzeichnungen, die von immenser Bedeutung sind, zusammen mit der Institution selbst in besagten Saal transferieren ließ. Und damit die alte Treppe dieses Palasts der Körperschaft der Parteiführer weiterhin zur Verfügung stehen würde, die jenen anderen Saal, der nun die Pfandleihe beherbergt, aufgegeben und sich in einen anderen Teil des Palasts zurückgezogen hatte, errichtete Giorgio Vasari[126] im Auftrag Seiner Exzellenz den überaus komfortablen Treppenaufgang, der heute zum Saal der Pfandleihe führt. Ebenfalls auf seinen Entwurf geht die Kassettendecke zurück, die gemäß Filippos Plan auf einigen kannelierten Pilastern aus *Macigno* ruht.[127]

In Santo Spirito in Florenz hatte Meister Francesco Zoppo,[128] der in der Bevölkerung damals große Wertschätzung genoß, die Fastenpredigt gehalten und dabei nachdrücklich auf die Bedürfnisse des Konvents, der Schule und insbesondere der Kirche hingewiesen, die jener Tage abgebrannt war.[129] Die Oberhäupter jenes Viertels Lorenzo Ridolfi,[130] Bartolomeo Corbinelli,[131] Neri di Gino Capponi,[132] Goro di Stagio Dati[133] und viele andere Bürger mehr erlangten daraufhin von der Signoria die Genehmigung für den Neubau von Santo Spirito und setzten Stoldo Frescobaldi[134] als Bauverwalter ein [siehe Seite 66]. Weil die Hauptkapelle und der Altar im Besitz seiner Familie waren und er deshalb ein besonderes Interesse an der alten Kirche hatte, mußte er schmerzhafte Einbußen hinnehmen, denn gleich zu Beginn, noch bevor die Steuergelder für die Grabstätten und Kapellen bei ihren Besitzern eingetrieben waren, legte er aus eigener Tasche viele tausend Scudi vor, die ihm später zurückerstattet wurden. Nachdem darüber beratschlagt worden war, schickte man nach Filippo und bat ihn um die Ausführung eines Modells mit allen nützlichen und löblichen Bestandteilen, die sich für einen christlichen Tempel ziemen. Jener drängte deshalb darauf, den Gebäudegrundriß auf den Kopf zu stellen, weil er den Platz gerne bis zum Arno ausgedehnt hätte, damit all jene, die aus Genua, von der Riviera, aus Lunigiana und aus dem Raum Pisa und Lucca dort vorbeikamen, die Pracht jenes Bauwerks sehen würden. Weil aber einige dem Abriß ihrer Häuser nicht zustimmten, wurde Filippos Wunsch nicht in die Tat umgesetzt.[135]

Also schuf er das Modell für die Kirche und gleichzeitig das für das Wohnhaus der Ordensbrüder in seiner heutigen Gestalt. Die Länge der Kirche betrug hunderteinundsechzig, die Breite vierundfünfzig Ellen, und sie war so gut geplant, daß es, was die Anordnung der Säulen und anderen Verzierungen angeht, keinen Bau gibt, der prachtvoller, anmutiger oder weitläufiger ist als dieser. Und wirklich: Hätte es die bösen Zungen nicht gegeben, die alle schönen Anfänge der Werke zunichte machen, weil sie vorgeben wollen, sich besser als andere auszukennen, dann wäre sie heute die vollkommenste Kirche der Christenheit. So, wie sie ist, ist sie schon lieblicher und besser eingeteilt als jede andere, obwohl sie nicht nach dem Modell ausgeführt worden ist, was man an einigen am Außenbau begonnenen Teilen sehen kann, die nicht der Anordnung im Inneren der Kirche folgen,

Filippo Brunelleschi: Palazzo di Parte Guelfa, Florenz

wie es das Modell offensichtlich für die Türen und die Einfassungen der Fenster vorsah.[136] Es gibt dort eine Reihe von Fehlern, die ihm zugeschrieben werden. Ich schweige dazu, weil man der Meinung ist, daß er sie nicht zugelassen hätte, würde er den Bau fortgeführt haben, zumal er alle seine Werke mit viel Urteil, Unterscheidungsvermögen, Talent und Kunstfertigkeit zur Vollendung gebracht hat. De ungeachtet erhob dieses Werk sein Talent zu wahrhaft göttlichem Status.

Filippo redete mit unglaublich viel Witz und war äußerst schlagfertig in seinen Antworten, wie das eine Mal, als er Lorenzo Ghiberti eins auswischen wollte. Der hatte bei Monte Morello einen Hof namens Lepriano gekauft, der ihn zweimal so viel kostete wie er einbrachte und den er, als er seiner überdrüssig wurde, verkaufte. Als man Filippo fragte, was denn das Beste sei, das Lorenzo je zustande gebracht habe, vielleicht im Glauben, daß er ihn wegen der Feindschaft zwischen ihnen gängeln würde, gab er zur Antwort: »Lepriano zu verkaufen.«[137]

Schließlich war er sehr alt geworden, genau gesagt neunundsechzig Jahre, und ging am 16. April 1446 in ein besseres Leben über, nachdem er sich so sehr verausgabt hatte, jene Werke zu schaffen, daß er sich mit ihnen einen klangvollen Namen auf Erden und im Himmel einen Ort der Ruhe verdient hat. Seine Heimat trauerte unendlich, die ihm im Tod weitaus mehr Anerkennung und Wertschätzung zollte als im Leben. Hochfeierlich wurde er in Santa Maria del Fiore zu Grabe getragen, auch wenn seine Grabstätte in San Marco lag, unter der Kanzel nahe der Tür, wo sich ein Wappen mit zwei Feigenblättern und ein paar grünen Wellen auf Goldgrund befindet, da seine Vorfahren aus der Provinz Ferrara stammen, und zwar aus Ficaruolo, einem Dorf am Po, wie es die Blätter zeigen, die auf den Ort verweisen, und die Wellen, die den Fluß symbolisieren.[138] Zahllose seiner Künstlerfreunde beweinten ihn, vor allem die ärmsten unter ihnen, denen er immer unter die Arme gegriffen hat. So blieb in der Welt nach einem christlich geführten Leben ein Hauch seiner Güte und seiner ausgezeichneten Verdienste zurück. Ich glaube sagen zu dürfen, daß es seit der Zeit der alten Griechen und Römer bis heute keinen außerordentlicheren und vortrefflicheren Künstler gegeben hat als ihn. Und er verdient um so mehr Lob, als zu seiner Zeit in ganz Italien dem von den alten Meistern praktizierten deutschen Stil gehuldigt wurde, wie es an zahllosen Bauwerken zu sehen ist.[139] Er entdeckte die antiken Friesformen wieder und gab der tuskischen, korinthischen, dorischen und ionischen Ordnung ihre ursprüngliche Gestalt zurück.[140] Er hatte einen Schüler, der nach seinem Geburtsort Borgo a Buggiano Buggiano[141] genannt wurde und der das Lavabo in der Sakristei von Santa Reparata ausführte, das mit wasserspritzenden Putten verziert ist.[142] Außerdem porträtierte er seinen Meister nach dem Leben, in einem Marmorkopf, der nach dessen Tod am rechten Portal von Santa Maria del Fiore nahe dem Eingang aufgestellt wurde, wo sich noch immer das nachfolgende Epitaph befindet, das man auf Wunsch der Öffentlichkeit hier angebracht hat, um ihn nach seinem Tod so zu ehren, wie er zu Lebzeiten seiner Heimat Ehre machte.[143]

D.S.

WIE VIEL DER ARCHITEKT FILIPPO FÜR DIE KUNST DES DAEDALUS BEDEUTETE, BEWEISEN DIE HERRLICHE KUPPEL JENES HOCHBERÜHMTEN TEMPELS UND VIELE ANDERE KONSTRUKTIONEN, DIE SEIN GÖTTLICHES TALENT ERSONNEN HAT. WEGEN SEINER AUSSERORDENTLICHEN GEISTIGEN GABEN UND SEINER EINZIGARTIGEN TUGENDEN HAT DIE DANKBARE HEIMAT SEINEN LEICHNAM AM 15. MAI DES JAHRES 1446 HIER BESTATTEN LASSEN.[144]

Andere haben ihn noch mehr ehren wollen und diese beiden hier hinzugefügt:

IHREM HOCHVERDIENTEN BÜRGER
FILIPPO BRUNELLESCHI, DEM ERNEUERER DER
ANTIKEN ARCHITEKTUR

SENAT UND VOLK VON FLORENZ[145]

Giovanni Battista Strozzi[146] hat diesen Vers hier verfaßt:

STEIN AUF STEIN,
RING ÜBER RING HAB' ICH OHN' UNTERLASS GEBAUT
UND SCHLIESSLICH SCHRITT UM SCHRITT
HOCH IN DEN HIMMEL MICH GESCHRAUBT.[147]

Weitere Schüler von ihm waren Domenico del Lago di Lugano,[148] Geremia da Cremona,[149] der hervorragend in Bronze arbeitete und mit einem gewissen Schiavone[150] kollaborierte, der viele Werke in Venedig schuf; Simone,[151] der nach der Madonna für Orsanmichele, die er im Auftrag der Apothekergilde geschaffen hatte, in Vicovaro starb, wo er an einem bedeutenden Werk für den Grafen Tagliacozzo[152] arbeitete; die Florentiner Antonio und Niccolò,[153] die in Ferrara 1461 ein bronzenes Reiterdenkmal für Herzog Borso schufen[154] und viele andere Werke mehr, die einzeln zu erwähnen zu lange dauern würde. Filippo war in mancherlei Hinsicht vom Pech verfolgt: Immerzu hatte er Gegner, mit denen er sich herumschlagen mußte, und einige seiner Bauten sind zu seiner Zeit nicht fertiggestellt worden und noch immer unvollendet. Besonders bedauernswert ist, daß die Mönche des Angeli-Klosters, wie gesagt, jenen von ihm begonnenen Kirchtempel nicht fertigstellen konnten, weil sie für das, was man heute sieht, mehr als dreitausend Scudi ausgegeben haben, eine Summe, die teils von der Zunft der Kaufleute, teils aus der Pfandleihe stammte, wo das Geld deponiert war. Als das Kapital auf diese Weise durchgebracht war, blieb der Bau unvollendet, wie er ist. Deshalb gilt, was wir schon in der Vita von Niccolò da Uzzano sagten:[155] Wer sich auf diese Weise ein Denkmal setzten möchte, der tue dies zu Lebzeiten und vertraue dabei auf niemanden. Und was für dieses Bauwerk gilt, könnte man über viele andere mehr sagen, die von Filippo Brunelleschi geplant worden sind.

Ende der Lebensbeschreibung des Filippo Brunelleschi.

Leon Battista Alberti: Selbstporträt, Plakette.
Washington, National Gallery of Art

Einleitung zum Leben des Leon Battista Alberti

Die Lebensbeschreibung des berühmten Architekten und Kunsttheoretikers Leon Battista Alberti ist knapp und sprachlich nüchtern formuliert. Sie enthält weder amüsante Anekdoten, klangvolle Superlative noch eine ausführliche Würdigung des großen Gelehrten, der die ersten neuzeitlichen Traktate über Malerei, Architektur und Skulptur verfasst hat. Auch die Darstellung seiner Leistungen als Antikenkenner und Architekt fällt auffallend zurückhaltend aus: Immerhin hatte Alberti für eine an der Antike ausgerichtete Baukunst die entscheidenden Werke geliefert, die mit einiger Verzögerung die europäische Architektur auf Jahrhunderte hinaus prägen sollten. Der kaiserzeitliche Triumphbogen als Vorbild für die Kirchenfassade, die Säulenordnungen an einer profanen Palastfassade sowie der Zentralbau verdanken sich maßgeblich seiner Anregung.[1] Dabei war Vasari offensichtlich bis auf wenige Details erstaunlich gut über Leon Battista Alberti informiert, dessen Bauwerke und wichtigste Schriften er fast lückenlos aufzählt und damit bis heute das Œuvre des Architekten verbindlich umrissen hat.[2] Angesichts der Abstammung Albertis aus einer wichtigen Florentiner Patrizierfamilie muß es verwundern, daß Vasari eine Person, die den Ruhm der Stadt vermehrt hätte, nicht emphatischer würdigt. Für Jacob Burkhardt war Alberti dagegen das Muster des *uomo universale*, der schlichtweg alles kann. Kaum eine andere Person des 15. Jahrhunderts hatte denn auch in Selbstporträt (siehe links) und Autobiographie so eifrig an ihrem Image gearbeitet.[3]

Die Ursachen für diese Mißachtung sind sicherlich vielfältig und fangen bei der Tatsache an, daß Alberti in Vasaris Augen offenbar zu viel geschrieben hatte, um noch als Künstler zu gelten. Die Fülle seiner Traktate und das Gewicht seiner schriftlich festgehaltenen Gedanken überschatteten sein architektonisches Œuvre. Zudem war Vasari wahrscheinlich nicht zu Unrecht davon überzeugt, daß Alberti die Ausführung seiner Bauten nicht persönlich überwacht, sondern vielmehr aus der Ferne mittels Briefen, Zeichnungen und Ratschlägen gesteuert habe. Somit entsprach Alberti nicht Vasaris Ideal von einem ausgeglichenen Mischungsverhältnis zwischen Theorie und Praxis, Hand (*mano*) und Geist (*intelletto*). Da Vasari einen Künstler maßgeblich durch das Schaffen ›eigenhändiger Werke‹ definierte, konnte Alberti, der schriftstellerische Tätigkeit mit Liebhaberei auf vielen Gebieten sowie Beratung von Fürsten bei ihrer Bautätigkeit verband, nur als Randfigur erscheinen.[4]

Alberti war für Vasari viel zu aktuell und gegenwärtig, um problemlos historisiert zu werden. Seine Kunsttheorie und seine Baukunst waren – lange vernachlässigt und mißverstanden – um 1550 auf dem Höhepunkt ihrer europaweiten Anerkennung angelangt. So sind weder die *Paragone*-Diskussionen noch die Baukunst eines Vignola oder Palladio ohne Alberti zu verstehen. Dabei hatte sich Alberti auf zwei Feldern profiliert, die auch Vasari für sich beanspruchte: die Kunsttheorie und die Architektur. Die kleinliche Kritik an Albertis Bauten und seiner Kunsttheorie ist Ausdruck des Neides und der Mißgunst des Aretiners. Trotz seiner Abstammung aus einer Florentiner Familie hatte Alberti seinen Wirkungskreis keineswegs auf die Arnostadt begrenzt, hatte für ganz unterschiedliche Mäzene in ganz Italien gewirkt und sich dabei immer seine Unabhängigkeit bewahrt. Er hatte sogar beißende Kritik an der Unfähigkeit der Fürsten geäußert und in seinem Architekturtraktat die Utopie eines besseren Gemeinwesens beschworen. Die über ganz Italien verstreuten Bauwerke wie auch die kritische Grundhaltung zur fürstlichen Herrschaft machten Vasari eine positive Würdigung offenbar schwer. Ferner war Alberti einfach zu vielseitig und kosmopolitisch, um als Florentiner Erzgenie vereinnahmt zu werden.

Während Alberti in der ersten Ausgabe der *Vite* immerhin noch in einem abschließenden Epitaph als »neuer Vitruv« gewürdigt wurde, strich Vasari diese Passage bezeichnenderweise in der zweiten Ausgabe. Alberti erscheint so nicht als der Pionier der Perspektive, des Antikenstudiums und der Baukunst, der er zweifellos war. Diese Rolle hatte Vasari für Brunelleschi vorgesehen. Grund hierfür mag die Komplexität seiner Baukunst und seiner Traktate gewesen sein, die Vasari schlichtweg nicht verstand. Dennoch bleibt festzuhalten, daß gegenüber den bis zur Mitte des Cinquecento verfügbaren Darstellungen der Gelehrten-Vita – etwa von Cristoforo Landino, Angelo Poliziano oder Paolo Giovio – Vasari die vollständigste und bis heute maßgebliche Übersicht über das Œuvre des Architekten Leon Battista Alberti gegeben hat.

MB

Porträtholzschnitt aus der zweiten Ausgabe der ›Vite‹ von 1568

Giorgio Vasari
Das Leben des Florentiner Architekten Leon Battista Alberti

Vita di Leon Battista Alberti. Architetto fiorentino (1568)

Grundsätzlich bedeutet Bildung für alle Künstler, die an ihr Gefallen haben, einen außerordentlichen Vorteil, insbesondere aber für Bildhauer, Maler und Architekten, weil sie den Weg zur Erfindung aller geschaffenen Werke ebnet. Davon einmal abgesehen kann sich ein Mensch, ganz gleich wie seine natürlichen Gaben auch sein mögen, kein perfektes Urteil bilden, wenn ihm als Beiwerk eine begleitende gute Bildung fehlt. Wer weiß denn nicht, daß man bei der Wahl des Standorts von Gebäuden mit Besonnenheit vorgehen muß und die Bedrohung durch verseuchte Winde, ungesundes Klima und den Gestank und die Dämpfe unreiner, gesundheitsschädlicher Gewässer wohlweislich zu vermeiden hat?[1] Wem ist nicht bewußt, daß man bei der Umsetzung eines Werks mit reifer Überlegung von sich aus wissen sollte, was es abzulehnen und was es anzunehmen gilt, ohne sich auf die theoretische Hilfe eines anderen verlassen zu müssen? Solche Theorie ist nämlich, wenn sie von der Praxis losgelöst ist, von recht geringem Nutzen.[2] Wenn beide aber durch Fügung zusammenkommen, gibt es nichts, was uns im Leben nützlicher wäre, weil einerseits die Kunst mit Hilfe der Wissenschaft sehr viel vollkommener und reicher wird und andererseits die Ratschläge und Schriften gebildeter Künstler per se größere Wirkung und Glaubwürdigkeit besitzen als die Worte und Werke derer, die einfach nur einen Beruf ausüben, wie gut oder schlecht auch immer.[3]

Wie wahr alle diese Dinge sind, wird an Leon Battista Alberti[4] deutlich, der die lateinische Sprache studiert und Werke in Architektur, Perspektive und Malerei realisiert hat. Seine Bücher waren dadurch in einer Form geschrieben, daß gemeinhin die Überzeugung herrscht (so groß ist die Macht seiner in der Sprache der Gelehrten verfaßten Schriften), er habe alle übertroffen, die ihm in der Praxis eigentlich überlegen waren, und dies weil keiner der modernen Künstler in der Lage gewesen ist, diese Themen schriftlich darzulegen, obwohl ihn unzählige in der praktischen Arbeit übertrafen. Die Erfahrung lehrt deshalb, daßSchriften im Hinblick auf Ruhm und Namen größere Kraft besitzen und langlebiger sind als alles andere, weil Bücher umstandslos überall hingelangen und ihnen allseits Glauben geschenkt wird, solange sie nur wahrheitsgetreu und frei von Lügen sind. Es ist also kein Wunder, daß der berühmte Leon Battista, in Florenz geborener Sproß der hochadeligen Familie Alberti, von der schon an anderer Stelle die Rede war,[5] mehr für seine Schriften bekannt ist als für seine manuellen Werke. Er beschäftigte sich nicht nur mit dem Erforschen der Welt und dem Vermessen von Altertümern, sondern auch mit dem Schreiben, dem er deutlich zugeneigter war als dem [handwerklichen] Arbeiten.

Er war ein ausgezeichneter Arithmetiker und sehr kundig in der Geometrie. Er verfaßte zehn Bücher[6] über die Architektur in lateinischer Sprache, die er 1481 publizierte und die heute in einer florentinischen Übersetzung zu lesen sind, die der ehrwürdige Messer Cosimo Bartoli,[7] Propst von San Giovanni in Florenz, vorgelegt hat. Er schrieb drei Bücher über die Malerei,[8] die neuerdings von Messer Lodovico Domenichi[9] ins Toskanische übersetzt worden sind. Er verfaßte einen Traktat über Hebevorrichtungen[10] und die Regeln für die Höhenvermessung[11] wie auch die Bücher über das bürgerliche Leben[12] und ein paar Schriften über die Liebe in Prosa und Versform.[13] Er war darüber hinaus der erste, der den Versuch unternahm, volkssprachliche Verse in lateinisches Versmaß zu übertragen, wie folgende Epistel zeigt:

Ich schicke diese äußerst klägliche Epistel
Dir, der du uns elendig mißachtest.[14]

Als Leon Battista zur Zeit von Nikolaus V.[15] nach Rom kam, der die Stadt mit seiner Art zu bauen vollkommen auf den Kopf gestellt hatte, gewann er dank der Vermittlung seines engen Freundes Biondo da Furlì[16] das Vertrauen des Papstes, der in Architekturfragen zuvor den florentinischen Bildhauer und Architekten Bernardo Rossellino[17] als Berater konsultierte, wie in der Lebensbeschreibung seines Bruders Antonio[18] berichtet werden wird. Als jener Hand an die Ausbesserung des päpstlichen Palasts und einige Werke in Santa Maria Maggiore legte, suchte er von da an auf Wunsch des Papstes immer Leon Battistas Rat, wodurch jener Pontifex dank der Empfehlung des einen und der ausführenden Hand des anderen viele nützliche und lobenswerte Dinge realisierte, wie die Restaurierung des Aquädukts der Acqua Vergine, der defekt gewesen war. Außerdem wurde der Brunnen auf dem Treviplatz mit den dort zu sehenden Marmorverzierungen geschaffen, die die Wappen des Papstes und des römischen Volkes tragen.[19]

Anschließend begab er sich zu Herrn Sigismondo Malatesta[20] von Rimini, für den er das Modell für die Kirche San Francesco[21] schuf (siehe Seite 78), insbesondere das der in Marmor gestalteten Fassade; außerdem die südliche Seitenwand mit riesigen Bögen und Grabstätten für die berühmten Männer jener Stadt. Kurz, er gab jenem Bau eine Form, die ihn dank seiner kompakten Struktur zu einer der berühmtesten Kirchen Italiens macht. Im Inneren befinden sich sechs wunderschöne Kapellen, darunter eine besonders reich ausgeschmückte, die dem Heiligen Hieronymus geweiht ist und viele aus Jerusalem stammende Reliquien enthält. In dieser steht das Grabmal des besagten Herrn Sigismondo und das seiner Gemahlin, die 1450 geschaffen wurden und überaus prachtvoll aus Marmor gestaltet sind.[22] Über einem von ihnen befindet sich das Porträt jenes Herrn und an einer anderen Stelle des Werks das von Leon Battista.[23] Im Jahr 1457, als der Deutsche Johann Gutenberg[24] die so bedeutende Technik des Buchdrucks erfand, entdeckte Leon Battista seinerseits einen Weg, mit Hilfe eines Instruments natürliche Perspektiven zu pausen und Figuren zu verkleinern, außerdem den Modus, kleine Objekte in einen größeren Maßstab zu übertragen und so zu vergrößern – allesamt einfalls-

Leon Battista Alberti: Fassade von San Francesco, Rimini

reiche Erfindungen, die nützlich für die Kunst sind und wirklich schön.[25]

Als zur Zeit von Leon Battista Giovanni di Paolo Rucellai[26] auf eigene Kosten die Hauptfassade von Santa Maria Novella vollständig mit Marmor verkleiden wollte, besprach er dies mit Leon Battista, der ein sehr guter Freund von ihm war. Und nachdem er von ihm nicht nur einen Rat, sondern gleich den Entwurf bekommen hatte, beschloß er, die Ausführung dieses Werkes unbedingt durchzusetzen, um damit ein Andenken von sich zu hinterlassen. Die Arbeit wurde begonnen und 1477 zur allgemeinen Zufriedenheit fertiggestellt, wobei das ganze Werk gefiel, insbesondere aber das Portal, dem anzusehen ist, daß Leon Battista sich mehr als gewöhnlich angestrengt hat (siehe Seite 80).[27] Desgleichen schuf er für Cosimo Rucellai[28] den Entwurf für den Palast (siehe rechts), den jener in der Straße errichten

Leon Battista Alberti: Palazzo Rucellai, Florenz

Leon Battista Alberti: Fassade von Santa Maria Novella, Florenz

ließ, die *la Vigna* heißt, und auch den für die gegenüberliegende Loggia. Bei dieser hatte er die Bögen sowohl an der Vorderseite als auch den Schmalseiten über eng beieinanderstehenden Säulen gewölbt, weil er sie fortführen und nicht einen einzelnen Bogen ausführen wollte, weshalb ihm auf beiden Seiten ein Freiraum blieb, der ihn zwang, an den inneren Ecken ein paar Konsolen anzubringen. Als er dann den Bogen des inneren Gewölbes wölben wollte und erkannte, daß er ihm keine halbrunde Form geben konnte und er flach und klobig geraten würde, entschloß er sich, in den Ecken ein paar kleine Bögen von einer Konsole zur anderen zu wölben. Dieser Mangel an Urteilskraft und *disegno* zeigt deutlich, daß es neben der Wissenschaft auch der Praxis bedarf, weil das Urteil niemals vollkommen sein kann, wenn die wissenschaftliche Lehre nicht durch konkrete Arbeit in die Praxis umgesetzt wird.[29] Es heißt, daß von ihm der Entwurf für das Haus und den Garten der Rucellai in der Via della Scala stammt, das mit viel Urteil äußerst komfortabel gebaut ist.[30] Neben vielen anderen Annehmlichkeiten besitzt es zwei Loggien, von denen eine nach Süden, die andere nach Westen gerichtet ist, beide wunderschön und ohne Bögen über den Säulen ausgeführt. Dies ist die wahre und authentische Methode der antiken Meister, weil so die Architrave, die auf den Kapitellen der Säulen aufruhen, glatt aufliegen, während ein vierseitiges Element, wie [die Enden] gewölbter Bögen, nicht auf einer runden Säule aufliegen kann, ohne daß die Ecken unsauber vorspringen. Die gute Methode verlangt also danach, daß man auf Säulen Architrave setzt, und wenn man Bögen wölben will, Pfeiler und nicht Säulen wählt. Ebenfalls für die Rucellai schuf Leon Battista im selben Stil eine Kapelle in San Pancrazio, die auf großen Architraven über zwei Säulen und zwei Pfeilern ruht, nachdem die hintere Wand der Kirche geöffnet worden war – eine schwierige, wohl aber solide Angelegenheit, weshalb dieses Werk eines der besten ist, das dieser Architekt je geschaffen hat. Im Zentrum dieser Kapelle befindet sich ein Marmorgrab von sehr gelungener Ausführung (siehe Seite 82), das eine längsovale Form besitzt und, wie auf ihm zu lesen ist, dem Grab Jesu Christi in Jerusalem ähnelt.[31]

Um dieselbe Zeit wünschte Markgraf Lodovico Gonzaga[32] von Mantua den Chor und die Hauptkapelle der Annunziata, der Servitenkirche in Florenz, nach einem Entwurf und Modell von Leon Battista zu erbauen.[33] Nachdem er an der Stirnseite der Kirche eine alte quadratische Kapelle hatte abreißen lassen, die nicht sehr groß und in einem altertümlichen Stil ausgemalt war, ließ er besagte Kuppel in der originellen und schwierigen Form einer Rotunde mit einem Kranz von neun Kapellen errichten, die alle mit Rundbögen gewölbt sind und im Inneren die Form einer Nische besitzen. Weil nun die Bögen besagter Kapellen auf den Pfeilern an der Vorderseite ruhen, vermitteln ihre an der Wand lehnenden Verzierungen aus Stein einen konstanten Rückwärtsdrall auf besagte Mauer zu, die aber der Apsiswölbung zufolge entgegengesetzt verläuft. Betrachtet man besagte Kapellenbögen von der Seite, scheint es folglich so, als würden sie nach hinten fallen, was sie in der Tat unvorteilhaft wirken läßt, obwohl das Maßverhältnis korrekt und die Art der Ausführung schwierig ist. Und tatsächlich hätte Leon Battista diesen Modus besser vermieden, denn obgleich schwierig in der Aus-

Leon Battista Alberti: Heiliggrabkapelle, San Pancrazio, Florenz

Leon Battista Alberti: Sant'Andrea, Mantua

führung, ist er sowohl im Detail wie im großen Zusammenhang unansehnlich und kann nicht gut gelingen. Wie sehr dies auf die großen Elemente zutrifft, zeigt der riesige Bogen an der Vorderseite, der den Eingang zur Apsis bildet: Von außen gesehen ist er wunderschön, von innen aber, wo er der Rundung der Kapelle folgen muß, scheint er nach hinten zu fallen und ist dadurch von äußerster Häßlichkeit. Hätte Leon Battista neben Wissenschaft und Theorie auch die praktische Erfahrung in der Arbeit besessen, wäre er wahrscheinlich nicht so vorgegangen. Ein anderer jedenfalls würde diese Schwierigkeit vermieden haben und hätte vielmehr die Anmut und Verschönerung des Bauwerks angestrebt. Davon einmal abgesehen ist das Gesamtwerk an sich wunderschön, einfallsreich und schwierig, und nichts anderes als großer Mut hat es Leon Battista erlaubt, diesen Chor in jenen Tagen auf die Weise zu wölben, wie er es tat.

Derselbe Markgraf Lodovico holte Leon Battista dann nach Mantua, wo er für ihn das Modell der Kirche Sant'Andrea und einige andere Werke entwarf (siehe Seite 83).[34] Und auf dem Weg von Mantua nach Padua sind einige Tempel zu sehen, die in seinem Stil erbaut worden sind.[35] Die Ausführung der Entwürfe und Modelle Leon Battistas oblag dem Florentiner Salvestro Fancelli,[36] einem leidlich guten Architekten und Bildhauer, der alle Werke, die Leon Battista in Florenz erbauen ließ, mit Urteil und außerordentlicher Sorgfalt nach dessen Willen ausführte. Für die Arbeiten in Mantua setzte er einen gewissen Luca[37] aus Florenz ein, der sich in jener Stadt dann niederließ und dort auch starb und laut Filarete[38] der Familie Luchi ihren Namen gab, die noch immer dort angesiedelt ist. Er durfte sich also nicht wenig glücklich schätzen, Freunde zu haben, die etwas davon verstanden und das Können und den Willen hatten, ihm zur Hand zu gehen, da die Architekten nicht immer vor Ort sein können und ihnen ein treuer und hingebungsvoller Mitarbeiter eine ungemein wertvolle Unterstützung ist. Und wenn einer das genau wissen muß, bin ich das, und zwar aus langer Erfahrung.

In der Malerei schuf Leon Battista weder große noch besonders schöne Werke. Die wenigen, die man von ihm sieht, sind nicht sehr vollkommen, was aber nicht verwundern muß, da er sich mehr mit seinen Studien beschäftigte als mit dem *disegno*. Demungeachtet war er sehr wohl in der Lage, sein Konzept zeichnerisch zum Ausdruck zu bringen, wie man es an einigen Blättern von seiner Hand sehen kann, die sich in unserem *libro* befinden. Unter ihnen befindet sich eine Zeichnung der Brücke von Sant'Angelo und die Überdachung in Form einer Loggia, die dort nach seinem Entwurf ausgeführt wurde, um als Schutz vor der Sonne im Sommer und vor Regen und Wind im Winter zu dienen. Dieses Werk entstand im Auftrag von Papst Nikolaus V., der viele ähnliche Werke in ganz Rom ausführen lassen wollte, vom Tod aber daran gehindert wurde.[39] Ein Werk von

Leon Battista befindet sich in einer kleinen Madonnenkapelle am Brückenpfeiler der Ponte alla Carraia, genauer gesagt ein Altarschemel mit drei kleinen Szenen und einigen perspektivischen Darstellungen, die er sehr viel besser mit der Feder beschrieben als mit dem Pinsel gemalt hat.[40] Ebenfalls in Florenz befindet sich im Haus von Palla Rucellai[41] ein Selbstporträt von ihm, das er mit Hilfe eines Spiegels ausgeführt hat, und eine Tafel mit ziemlich großen Figuren in *chiaroscuro*.[42] Er schuf auch eine perspektivische Darstellung von Venedig und San Marco, wobei die darin enthaltenen Figuren von anderen Meistern ausgeführt wurden; jedenfalls ist dies eines der besten Gemälde, die es von ihm zu sehen gibt.[43]

Leon Battista war ein Mensch mit den besten und löblichsten Manieren. Er war ein Freund talentierter Menschen, sehr freigebig und höflich zu allen und lebte rechtschaffen wie ein Edelmann, der er zeit seines Lebens gewesen ist. Schließlich ging er, nachdem er ein beachtliches Alter erreicht hatte, zufrieden und gelassen in ein besseres Leben über, einen klangvollen Namen hinterlassend.[44]

Ende der Lebensbeschreibung von Leon Battista Alberti.

Anhang

Anmerkungen zum Leben des Filippo Brunelleschi

Zur Einleitung (S. 7–12)

[1] Tanturli 1980. Zur Vita des Brunelleschi siehe Burioni 2008, S. 104–124, mit Angabe weiterer Literatur.
[2] Siehe Manetti, *Novelle*; Manetti, *Vita di Filippo Brunelleschi*; *Novella*, Ed. Lanza; *Novella*, Ed. Procaccioli; Rochon 1975; Groebner 2004, S. 13–23; Bach 2009.
[3] Zur Umformung der Novellentradition siehe Kris/Kurz 1995 (1934); Rochon 1975; Riccò 1979.
[4] Burckhardt, Ed. Ghelardi, S. 18.
[5] Burioni 2009.
[6] Alberti, Ed. Bätschmann/Gianfreda, S. 65.
[7] Sebastiano Serlio: *Il Terzo Libro Di Sabastiano Serlio Bolognese, Nel Qval Si Figvrano, E Descrivono Le Antiqvita Di Roma, E Le Altre Che Sono In Italia, E Fvori De Italia*, Venetia 1544, S. 36.
[8] Siehe *Novella*, Ed. Lanza, S. 14.
[9] Bettarini/Barocchi, *Vite*, Bd. II, S. 103–104. Zu Giotto siehe Löhr 2011.
[10] Reudenbach 2003.

Zu Vasaris Text (S. 13–69)

[1] Die Erzählung über die großen Leistungen kleiner Männer gibt Vasari frei nach einer Novelle Boccaccios, in der sich Giotto und der Rechtsgelehrte Forese da Rabatta im Gespräch auf der Landstraße fragen, ob jemand angesichts ihres bescheidenen Aussehens darauf kommen könne, den berühmtesten Maler und den bekanntesten Rechtsgelehrten ihrer Zeit vor sich zu haben (Boccaccio, *Decamerone*, VI, 5).
[2] Filippo Brunelleschi (*1377 Florenz – †15. April 1446 ebenda) war der zweitgeborene Sohn des Notars Brunellesco di Lippo Lapi und der Giuliana di Giovanni Spini.
Bibl.: Hyman 1972.

3 Der Florentiner Rechtsgelehrte Forese da Rabatta (†um 1348) ist in den Jahren 1313–1315 dokumentarisch belegt. Zwischen 1323 und 1347 bekleidete er kommunale Ämter und war mehrfach Botschafter der Republik.

Bibl.: Ciapelli 1998.

4 Giotto (*1267 Colle di Vespignano im Mugello – †1337 Florenz)

5 Mit der Formulierung, daß das Talent (*valore*) der toskanischen Künstler zwar verloren, aber deshalb nicht tot war, gibt Vasari der Brunelleschi-Vita gleich zu Beginn einen patriotischen Anstrich. Er bezieht sich dabei auf das berühmte Gedicht *Italia mia* von Francesco Petrarca, das mit folgenden Zeilen endet: »vertù contra furore / prenderà l'arme, et fia 'l combatter corto: / che l'antiquo valore / ne l'italici cor' non è anchor morto« – »wird Zucht gen Zorn die Waffen / ergreifen – kurz sind dann des Kampfes Schmerzen –: / noch ist der Mut beschaffen / wie einst und lebt in den italischen Herzen« (Petrarca, *Rerum Vulgarium Fragmenta*, 128, zitiert nach Petrarca, Ed. Contini/Pochiroli, S.177; Petrarca, Ed. Gabor/Dreyer, S. 377). Die Überwindung der *maniera greca*, des byzantinischen Stils, in der Malerei durch Giotto und der *maniera tedesca*, des gotischen Stils, in der Architektur durch Brunelleschi werden damit als vaterländische Taten charakterisiert.

6 Hier charakterisiert Vasari Brunelleschi als eine moralisch überlegene Person, was schon bei Manetti angelegt ist (Manetti, *Vita di Filippo Brunelleschi*, S. 56). Allerdings weitet Vasari dieses Thema aus und entwirft anhand der Freundschaft zwischen Donatello und Brunelleschi ein Idealbild der Zusammenarbeit, des Umgangs und der Künstlerfreundschaft.

Bibl.: Rubin 1995, S. 343–348.

7 Brunellesco di Lippo Lapi (*1331 Florenz – †1397/1404 ebenda), der Vater von Filippo, ist ab 1351 als Notar nachgewiesen. Er wohnte zusammen mit seiner Frau in einem Haus in der Via Larga nahe San Marco. Er war Botschafter der Florentiner Republik in Wien, in der Lombardei und in der Romagna.

Bibl.: Fabriczy 1892, S. 1–3.

8 Cambio Bacherini (Lebensdaten unbekannt)

9 Die Nachricht, Brunelleschi stamme von dem Arzt Ventura Bacherini (Lebensdaten unbekannt) ab, übernimmt Vasari von Antonio Manetti (Manetti, *Vita di Filippo Brunelleschi*, S. 50). Sie ist aber ansonsten nicht belegt.

10 In der ersten Ausgabe folgte an dieser Stelle eine längere, später gestrichene Passage über Brunelleschi in seiner Rolle als »procuratore dei Dieci della guerra«.

11 Giuliana di Giovanni Spini (Lebensdaten unbekannt) entstammt der

Familie Spini, deren zinnenbekrönter Palazzo noch heute markant das Arno-Ufer bei Santa Trinita prägt.

[12] Das Haus bei der Piazza degli Agli in der Nähe von San Michele Berteldi, heute San Gaetano und Michele, wurde bereits vor Ende des 16. Jahrhunderts von den Theatinermönchen im Zuge der Erweiterung des Klosters abgerissen. In diesem Haus wohnte Brunelleschi nach dem Tod seines Vaters als Junggeselle.

Bibl.: Fabriczy 1892, S. 4, Anm. 1.

[13] 1399 wurde Filippo Brunelleschi in die Seidenweberzunft aufgenommen, zu der auch die Goldschmiede gehörten.

Bibl.: Fabriczy 1907, S. 5.

[14] In dem Vertrag für den Altaraufsatz des Domes von Pistoia von 1399 werden »Pippo da Firenze« und »Pippo di Ser Benincasa orafo da Firenze« genannt. Sollte damit Brunelleschi gemeint sein, was durch die Erwähnung des Auftrages bei Manetti (Manetti, *Vita di Filippo Brunelleschi*, S. 53) wahrscheinlich ist, hätte man in Ser Benincasa auch Filippos Lehrer in der Goldschmiedekunst identifiziert. Heute werden Brunelleschi zwei Kirchenväter und zwei Propheten des Silberaufsatzes zugeschrieben.

Bibl.: Fabriczy 1907, S. 5; Kat. Florenz 1977, S. 15–22.

[15] Donatello (* um 1386 Florenz – † 1466 ebenda)

[16] Das Haus des Apollonio Lapi ist heute überbaut. Ob es ein Werk Brunelleschis war, ist ungewiß. Die Nachricht stammt aus der Vita des Manetti (Manetti, *Vita di Filippo Brunelleschi*, S. 54).

Bibl.: Fabriczy 1892, S. 52.

[17] Der Turm der Villa La Petraia, im späteren 15. Jahrhundert von den Medici zum Lustsitz umgebaut, ist mit Sicherheit vor Brunelleschi zu datieren. Daß er im 14. Jahrhundert im Besitz der Familie Brunelleschi war und »Torre de' Brunelleschi« genannt wurde, veranlaßte Manetti vermutlich zu dieser Zuschreibung (Manetti, *Vita di Filippo Brunelleschi*, S. 54), die Vasari ungeprüft übernimmt.

Bibl.: Fabriczy 1892, S. 52.

[18] Die Arbeiten Brunelleschis am Palazzo della Signoria für den Sitz der Ufficiali del Monte idenfizierte Klotz mit den geschlossenen Bogenarkaden an der nördlichen Außenwand des Salone dei Cinquecento. Die Nachricht übernimmt Vasari von Manetti (Manetti, *Vita di Filippo Brunelleschi*, S. 54–55), wobei diese Baumaßnahme – Dokumenten zufolge – auf 1428 zu datieren ist.

Bibl.: Klotz 1970, S. 60–61; Molho 1977.

[19] Die Lindenholzskulptur der Heiligen Maria Magdalena in Santo Spirito fiel, wie Vasari erwähnt, einem Brand zum Opfer.

[20] Die Nachricht, Brunelleschi sei der Erfinder der Perspektive gewe-

sen, findet sich erstmals bei Antonio Manetti (Manetti, *Vita di Filippo Brunelleschi*, S. 54). Es heißt, er habe die Regel (*regola*) erdacht und war ihr Erfinder (*inventore*). Die zwei Perspektivtafeln Filippo Brunelleschis sind erst durch die Nachricht von Antonio Manetti verbürgt (Manetti, *Vita di Filippo Brunelleschi*, S. 57–60), der sie ausführlich und detailliert beschreibt. Bisher wurden keine anderen Hinweise in Schriften oder Inventaren gefunden, die die Tafeln unabhängig belegen. Lediglich in dem Nachlaßinventar von Brunelleschis Haus findet sich »unum designum corii cum disegno palatii Dominorum« (Molho 1977, S. 852). Die erste Tafel zeigt das Florentiner Baptisterium mit der umliegenden städtebaulichen Situation, während die zweite Tafel den Palazzo della Signoria und die gesamte Piazza in der Hauptansicht über Eck wiedergibt. Mit welchen Vermessungsverfahren Brunelleschi zu diesem Resultat kam und wie genau die Tafeln aussahen, ist Gegenstand zahlreicher Rekonstruktionsversuche.

Bibl.: Kemp 1978; Büttner 1998; Edgerton 2002.

[21] Masaccio (*1401 San Giovanni in Valdarno – †1427 Florenz). Die Nachricht, Brunelleschi habe Masaccio die Perspektive gelehrt, wird meistens auf das Trinitätsfresko in Santa Maria Novella bezogen.

[22] Vasari spricht von den Holzeinlegearbeiten, den sogenannten Intarsien, die in der Tat oft perspektivische Raumprospekte zeigen.

[23] Paolo dal Pozzo Toscanelli (*1397 Florenz – †1482 ebenda) studierte von 1417 bis 1424 Mathematik und Medizin an der Universität von Padua, wo er auch Nikolaus Cusanus kennenlernte, der ihm 1450 sein Traktat *De geometricis transformationibus* widmete. Er hatte in Florenz einen Gewürzhandel und interessierte sich für Astrologie und Geographie. Er zeichnete den Verlauf von Kometenbahnen auf, die auch Regiomontanus beobachtete. Dal Pozzo Toscanelli interviewte für seine geographischen Studien Reisende wie den Venezianer Niccolò Conti und plante 1457 eine Überquerung des Atlantiks, für die er Karten anfertigte und mit dem portugiesischen Königshaus korrespondierte. In einem Brief von 1474 an den portugiesischen König legte er den Seeweg nach Indien dar. Einen zweiten Brief mit der Darlegung des Seewegs sandte er an Cristoforo Colombo. Die Authentizität dieser zwei Briefe ist oft angezweifelt worden.

Bibl.: Roccasecca 1996.

24 Die Aussage, Brunelleschi verstehe sich hervorragend auf die Heilige Schrift sowie auf Dante und könne deswegen als neuer Heiliger Paulus angesehen werden, enstammt dem *Anonimo Magliabechiano* (dort S. 67).

[25] Dante Alighieri (*1265 Florenz – †1321 Ravenna)

[26] Taddeo Gaddi (*um 1300 Florenz – †1366 ebenda)

[27] Gemeint ist Donatellos *Kruzifix* (polychromiertes Holz, 163 x 173 cm, datiert 1412) in der Cappella Bardi in Santa Croce in Florenz, der schwenkbare Arme hat, damit er während der Karwoche gemäß des liturgischen Brauchs in ein Heiliges Grab gelegt werden kann. Die Physiognomie und der Körperbau Christi weichen von der Tradition ab, was Vasari zur Titulierung des Erlösers als Bauern veranlaßte. Daß diese Rezeptionshaltung auch schon im 15. Jahrhundert existierte und daß Donatello diese Rezeption gar bezweckte, ist keinesfalls gesichert.

Bibl.: Schüssler 1997.

[28] Gemeint ist der *Kruzifix* (polychromiertes Holz, 170 x 170 cm, datiert 1410–1415) von Santa Maria Novella in der Cappella Gondi zur Linken der Hauptchorkapelle. Die zarte Körperbildung, die traditionelle Physiognomie, die vollkommene Nacktheit Christi, der wahrscheinlich mit einem Lendenschurz versehen war, und die quadratischen Proportionen der Figur machen diese Skulptur zum Hauptwerk Brunelleschis in der Bildhauerei. Die Lebensechtheit des Gekreuzigten könnte auf Künstlerwettbewerbe bei Plinius anspielen. Allerdings deutet die Passage mit der »Schürze voller Eier« auf toskanische Novellen, in denen Künstler oft Erwähnung finden.

Bibl.: Kat. Florenz 1977, S. 33–38.

[29] Diese Nachricht findet sich ebenso im *Libro di Antonio Billi* wie auch dem *Anonimo Magliabechiano*. Die Staue des *Heiligen Markus* (Marmor, Höhe 234 cm, Florenz, Museo di Orsanmichele) wird heute Donatello zugeschrieben, während die Zuschreibung der Statue des *Heiligen Petrus* (Marmor, Höhe 237 cm, Florenz, Museo di Orsanmichele) umstritten ist und zumindest die Möglichkeit einer Autorschaft Brunelleschis bestünde. Eine Mitwirkung Brunelleschis liegt aufgrund der Dekoration mit perspektivisch verkürzten Figuren nahe, die sonst nicht an Orsanmichele zu finden sind. Dokumentarisch belegt ist dagegen ein gemeinsamer Auftrag für eine Prophetenfigur eines Chorpfeilers im Dom (Fabriczy 1907, S. 10).

Bibl.: Bellosi 1998.

[30] Andrea Pisano (dokumentiert 1330–1348)

[31] Lorenzo Ghiberti (*1378 oder 1381 Florenz – †1455 ebenda) ist als Bildhauer durch die Bronzetüren des Baptisteriums berühmt geworden. Er schrieb eine Selbstbiographie, seine *Commentarii*, die auch Vasari als Quelle diente. Eine Abschrift befand sich bei seinem Freund Cosimo Bartoli.

[32] Jacopo della Quercia (*um 1375 Siena – †1348 ebenda)

[33] Simone dal Colle läßt sich nicht identifizieren.

[34] Francesco di Valdambrino, Goldschmied und Bildhauer (†1435 Siena)

[35] Niccolò d'Arezzo, Goldschmied und Bildhauer, Bruder des Malers Spinello Aretino (*um 1340 Arezzo – †1420/1427 Florenz). – Der berühmte Wettbewerb der Konkurrenzreliefs wird in den zwei uns zur Verfügung stehenden Quellen, der Autobiographie Ghibertis und der Vita Brunelleschis von Manetti, ganz unterschiedlich geschildert (Ghiberti, *Commentarii*, S. 42–43; Manetti, *Vita di Filippo Brunelleschi*, S. 60–64). Vasari folgte Ghiberti, indem er zusätzlich zu Brunelleschi eine Reihe weiterer Konkurrenten nannte, deren Arbeiten jedoch nicht erhalten sind. Nur den Bildhauer Niccolò Lamberti ließ Vasari unerwähnt, während er Donatello als Teilnehmer annahm, was aber sicher ausgeschlossen werden kann. Der Wettbewerb wurde vermutlich veranstaltet, um eine überzeugende ästhetische Lösung für die Bronzetüren zu finden. Lorenzo Ghiberti trat im Verbund mit seinem Vater Bartoluccio auf, mit dem er auch den Vertrag für die Bronzetür unterschrieb. Die *Opferung Isaaks* ist bei beiden Künstlern typologisch dahingehend umgedeutet, daß sie Isaak als *figura Christi* auffaßten. Brunelleschi gab seinen Gestalten die berühmte antike Figur des *Dornausziehers* bei, während Ghiberti den nackten Torso des Isaak mit großer Sorgfalt antikisch gestaltete, ohne daß man ein genaues Vorbild benennen könnte. Während Brunelleschi sein Antikenzitat noch ganz mittelalterlich bekleidet zeigt, setzt Ghiberti die Nacktheit Isaaks als Mittel zur Veranschaulichung seiner Auserwähltheit ein. Die stilistischen Übereinstimmungen zwischen den beiden Reliefs überwiegen, obwohl an ihnen gern der Übergang zwischen internationaler Gotik und Renaissance festgemacht wird.

Bibl.: Middeldorf-Kosegarten 1980; Rauterberg 1996.

[36] Die Teilnahme Donatellos an diesem Wettbewerb ist eine Erfindung Vasaris.

[37] In der *Opferung Isaaks* (Messing, 41 x 36 cm, datiert 1401–1402, Florenz, Museo Nazionale del Bargello) greift der von links heranfliegende Engel Abraham in die das Messer führende Hand, das er gerade an den Hals seines Sohnes gesetzt hat. Der nackte Isaak kniet auf einem mit einem Fries geschmückten Altar und fügt sich in sein Schicksal. Brunelleschi hat den knienden Diener links nach der antiken Figur des *Dornausziehers* gestaltet.

[38] Die Mär von einer freiwilligen Abtretung des Auftrages an Ghiberti ist eine Erfindung Vasaris, der darin noch parteiischer als seine Hauptquelle Antonio Manetti ist. Zugleich stilisiert er seine Heroen zu neidlosen, souveränen Künstlern, die selbst im Falle der Niederlage noch

ihr Gesicht wahren. Schon bei Manetti findet sich die Nachricht, der Auftrag sei an Brunelleschi und Ghiberti ergangen (Manetti, *Vita di Filippo Brunelleschi*, S. 63–64).

39 Cosimo de' Medici (*1389 Florenz – †1464 Careggi)

40 Brunelleschis Relief war tatsächlich am Altartisch in der Alten Sakristei befestigt, wie man noch heute an vier Löchern ersehen kann. Welches Relief von Donatello Vasari hier meint, ist nicht festzustellen; jedenfalls hatte Donatello nicht an dem Wettbewerb teilgenommen.

41 Welchen Hof in Settignano Brunelleschi besaß, konnte bisher nicht geklärt werden.

42 Den Bericht über Brunelleschis Romaufenthalt, der andernorts nicht dokumentiert ist, entnimmt Vasari mit wenigen Abwandlungen aus der Vita des Manetti (Manetti, *Vita di Filippo Brunelleschi*, S. 64–70). Dessen Darstellung tendiert dazu, Brunelleschi die Entdeckung einer klassischen, antikischen Architektursprache zuzuschreiben, wie sie Ende des 15. Jahrhunderts von Architekten praktiziert wurde, ohne dabei zu berücksichtigen, daß zu Anfang des Jahrhunderts das Konzept von ›Antike‹ noch wenig ausgereift gewesen sein muß. Eine normative und korrekte Verwendung der Säulenordnungen wird erst im 16. Jahrhundert wichtig. Ohne Zweifel verwendete Brunelleschi Rundbögen, Säulen und Pilaster mit festgelegten Proportionen, eine Säulenordnung mit Gebälk, Kapitell, Säule und Basis sowie normierten, standardisierten Bauschmuck – alles Kennzeichen antiker Bauten.

Der ›antike Geist‹ von Brunelleschis Architektur läßt sich jedoch im Detail auch auf nach-antike Vorbilder zurückführen, so daß zu fragen ist, ob wir es hier mit einem Überdauern von antiken Motiven, einer tatsächlichen Rezeption der Antike oder mit der philologischen Korrektur und Bereinigung des Florentiner Baubestands zu tun haben. So wurde nachgewiesen, daß Brunelleschi romanische Bauten wie die Kirche Santi Apostoli in Rom, die im 15. Jahrundert als Gründung Karls des Großen galt, und das Florentiner Baptisterium, das im 15. Jahrhundert als antiker Marstempel angesehen wurde, als ›antike‹ Vorbilder ernst nahm. Viele seiner antikischen Baudetails können auf Fresken und Bauten zurückgeführt werden, die aus dem Trecento stammen: So taucht der Gebälkwürfel, den Brunelleschi zwischen Säule und Bogen einfügte, bereits in Giottos Fresken in der Baroncelli-Kapelle in Santa Croce auf (Burns 1971, S. 281), und der Grundriß der Alten Sakristei geht wohl auf das Baptisterium von Padua zurück (Klotz 1970, S. 121–125). Der Portikus des Ospedale degli Innocenti findet Parallelen in der Villa des Paolo Guinigi in Lucca oder, was die städtebauliche Situation angeht, in der Piazza San Marco in Venedig (Klotz 1970, S. 110–111; Hyman 1979,

S. 202). Die Florentiner Domkuppel ist mit ihrer Mauerwerkstechnik und dem Verzicht auf ein Holzgerüst mit römischen Kuppelbauten nicht zu vergleichen, so daß man das Mausoleum von Olyatu in Soltaniyeh (Iran) mit guten Gründen als mögliches Vorbild ins Spiel gebracht hat (Sanpaolesi 1972). Die abgeknickten Eckpilaster in der Alten Sakristei könnten sich von den Rechtecknischen des Pantheons ableiten (Hörster 1973, S. 39). Es ist wohl kaum zu bezweifeln, daß Brunelleschi in Rom antike Bauten studierte, wie sich zum Beispiel an dem Rundbau von Santa Maria degli Angeli zeigt, der nach dem Tempel der Minerva Medica gebildet sein könnte (Heydenreich 1931; Hörster 1973, S. 46). Jüngst hat man die Kirche von Santa Maria del Carmine in Padua als Vorbild für Santo Spirito vorgeschlagen (Cohen 2009).

Bibl.: Heydenreich 1931; Klotz 1970; Burns 1971; Sanpaolesi 1972; Hörster 1973; Hyman 1979; Onians 1982; Trachtenberg 1995; Trachtenberg 1996b; Cohen 2009.

43 Mit dem barbarischen, deutschen Stil meint Vasari die Gotik (siehe Vasari, *Einführung*, S. 63–64). Dabei bezieht sich Brunelleschi in seinen Bauten erkennbar auf die gotische Bauweise.

Bibl.: Klotz 1970; Schedler 2004.

44 Cimabue (dokumentiert 1272–1302)

45 Arnolfo di Cambio (*Colle di Val d'Elsa, dokumentiert 1265–1300)

46 Die abgeknickten Eckpilaster der Alten Sakristei könnte Brunelleschi den Rechtecknischen des Pantheons entlehnt haben.

Bibl.: Hörster 1973, S. 39; Thoenes 1973.

47 Brunelleschi verwendet nur ionische und dorische Kapitelle, die sich in wichtigen Aspekten von antiken Kapitelltypen unterscheiden. Vorbilder waren vermutlich die Kapitelle von San Miniato al Monte und des Baptisteriums.

Bibl.: Gosebruch 1959; Saalman 1959.

48 Die Nachricht, Brunelleschi habe Goldschmiedearbeiten in Rom gefertigt, übernimmt Vasari von Manetti (Manetti, *Vita di Filippo Brunelleschi*, S. 68).

49 Daß Brunelleschi der Erfinder der Säulenordnungen war, übernimmt Vasari von Manetti (Manetti, *Vita di Filippo Brunelleschi*, S. 69). Obwohl Brunelleschi die antiken Säulenordnungen in ihrer Baulogik sehr wohl verstanden hatte, entwickelte er dazu vermutlich keine Theorie. Diese kam erst in der ersten Hälfte des 16. Jahrhunderts auf.

Bibl.: Thoenes 1980.

50 Die von Vasari erwähnte Krankheit wird in keiner anderen Quelle bestätigt. Sie ist hier vielmehr ein Mittel der Erzählung.

Bibl.: Fabriczy 1892, S. 62.

51 Die 1407 zusammengerufene Versammlung läßt sich durch unabhängige Quellen nicht bestätigen und muß daher ebenso als Erfindung Vasaris angesehen werden wie die Behauptung, Brunelleschi habe die Idee des Tambours gehabt. Am 10. November 1404 wird Brunelleschi, zu diesem Zeitpunkt in den Dokumenten noch als Goldschmied bezeichnet, zusammen mit Ghiberti und vielen anderen Experten zur Begutachtung eines Fehlers bei der Herstellung der Strebemauern der Chortribünen des Florentiner Doms hinzugezogen (Guasti 1887, S. 299– 300, Dok. Nr. 425). Am 16. Februar 1405 werden Brunelleschi und Ghiberti wieder aus dem Gutachtergremium ausgeschlossen (ebendort, S. 302, Dok. Nr. 434).

Bibl.: Fabriczy 1892, S. 62–64.

52 Reliefs von antiken Marmorsarkophagen wurden schon in der Generation vor Donatello und Brunelleschi intensiv studiert. Auf welches Objekt sich Vasari hier bezieht, kann nicht geklärt werden; mit einiger Sicherheit handelt es sich um eine Anekdote, die das leidenschaftliche Antikenstudium wirkungsvoll unterstreichen soll.

53 Manetti datiert den Streich auf 1409 (Manetti, *Vita di Filippo Brunelleschi*, S. 77). Die Novelle hat sich in einer reichen Manuskripttradition erhalten. In dieser Plautus' *Amphitruo* nachgebildeten Geschichte spielen Brunelleschi und Donatello dem dicken Holzschnitzer Manetto Ammannatini einen bösen Streich, indem sie ihn glauben machen, er sei ein gewisser Matteo geworden. Das gesamte soziale Umfeld, die Richter und Gefängniswärter spielen den demütigenden Scherz mit, der den Holzschnitzer in Florenz so unmöglich macht, daß er nach Ungarn in die Dienste des Feldherrn Filippo degli Scolari flieht. Diese Novelle, die bereits zu Lebzeiten des Meisters aufgeschrieben wurde, sorgte für den literarischen Ruhm Brunelleschis. Sie ist ein Lehrstück über die Bedeutung und Gefährdung der persönlichen Identität.

Bibl.: Rochon 1975; Groebner 2004, S. 13–23; Bach 2009.

54 Die Information, Brunelleschi sei Ghiberti bei der Polierung der Baptisteriumstüren zur Hand gegangen, findet sich nur bei Vasari.

Bibl.: Fabriczy 1892, S. 20–21.

55 Bei der Vergabe des Auftrags für die Errichtung der Domkuppel folgt Vasari Antonio Manetti (Manetti, *Vita di Filippo Brunelleschi*, S. 77–79), wobei er die mündliche Rede des Baumeisters vor der Dombauhütte hinzufügt. Die Reisen nach Rom sowie die Ausschreibung eines internationalen Wettbewerbs, der in den Dombauhütten Europas im 14. Jahrhundert durchaus gängig war, sind vermutlich unbelegte Versatzstücke einer mündlich zirkulierenden Heldengeschichte, die uns Manetti überliefert hat. In den Dokumenten der Domopera werden Brunelleschi am 19. Mai 1417 für Arbeiten bezüglich der Kuppel-

wölbung 10 Goldflorin ausgezahlt. Ein gewisser Giovanni dell'Abbaco erhielt am 30. Juni desselben Jahres ebenfalls eine Vergütung im Zusammenhang mit der Wölbung der Kuppel (Guasti 1857, S. 17, Dok. Nr. 16, u. S. 19, Dok. Nr. 23). Am 20. August 1418 schrieb die Domopera ein Preisgeld von 200 Goldflorin für die beste Lösung zur Wölbung der Domkuppel aus (Guasti 1857, S. 15–16, Dok. Nr. 11–14). Im Gegensatz zur Darstellung Manettis und Vasaris, die beide aus einer mündlich bereits zirkulierenden, stark anekdotisch überformten Erzählung schöpften und diese durch das Zitieren von Archivdokumenten zu untermauern suchten, war Brunelleschi offenbar ohne Wettbewerbe schon früh gemeinsam mit anderen Handwerkern in die Planung der Kuppelwölbung einbezogen und beteiligte sich auch an dem Wettbewerb. Manetti und Vasari übergehen die Zusammenarbeit vieler Köpfe in den Beratungen der Domopera und lassen statt dessen die alleinige Autorschaft Brunelleschis in glänzendem Licht erstrahlen. Ghiberti erwähnt in seinen *Commentarii* die eigene Mitarbeit an der Domkuppel (Ghiberti, *Commentarii*, S. 47).

56 Erst in der zweiten Edition fügt Vasari an, daß der Bau der Jungfrau Maria geweiht ist.

57 Guasti erwähnt die Zahlung unter dem Datum des 19. Mai 1417 (Guasti 1857, S. 17, Dok. Nr. 16), während Vasari nach Manetti den 26. Mai 1417 als Datum anführt. Wie Karl Frey gezeigt hat, konsultierte Manetti nicht die von Guasti verwendeten Bücher, in denen die Beschlüsse der Domopera festgehalten sind, sondern das Kassenbuch, welches das Datum der tatsächlichen Auszahlung festhält.

Bibl.: Frey 1887, S. 161.

58 Der Wettbewerb wurde 1418 ausgeschrieben und am 1. April 1420 wurden die Wettbewerbseinreichungen vergütet (Guasti 1857, S. 26–27, Dok. Nr. 46). Was Vasari und Manetti allerdings vollkommen verschweigen, ist, daß Brunelleschi gemeinsam mit Nanni di Banco und Donatello ein Mauerwerksmodell als Wettbewerbsbeitrag einreichte (Guasti 1857, S. 25–26, Dok. Nr. 43). Das Modell dieser drei Meister und das von Lorenzo Ghiberti erzielten die höchste Vergütung, was deren Erfolg bezeugt. Offensichtlich sollte nicht ein Sieger aus dem Wettbewerb hervorgehen. Vielmehr sollten verschiedene Lösungen ausgearbeitet und dann zu einem verbindlichen Plan zusammengeführt werden. Die Überhöhung des einsamen Genies Brunelleschi entspricht also nicht den Tatsachen.

59 Eine kürzere Version der von den Baumeistern vorgetragenen Meinungen, die durch Manetti nicht überliefert sind, findet sich im *Anonimo Magliabechiano* (ebd., S. 68).

60 Die Geschichte vom erdigen, mit Geldstücken angereicherten Füllmaterial kommt auch in der Legende der Hagia Sophia vor. Auch in der Brunelleschi-Vita von Giovanni Battista Gelli findet sich diese Erzählung (Gelli, Ed. Mancini, S. 52).

Bibl.: Berger 1998, S. 21.

61 *Quarto acuto*, bzw. *quinto acuto*: alter Fachausdruck für das Maß des Radius der gotisierenden Wölbungskurve eines achtseitigen Kappengewölbes. Er sagt aus, daß dieser Radius vier Fünftel des horizontalen Durchmessers des Oktogons an der Basis beträgt.

62 Die Nachricht von der Zurückhaltung des Modells ergänzt Vasari in der zweiten Ausgabe.

63 Die als *Ei des Kolumbus* sprichwörtlich gewordene Erzählung führen Kris und Kurz in ihrer grundlegenden Untersuchung zum Künstlermythos auf eine ähnliche Erzählung bei Luca Pacioli und auf eine osmanische Legende zurück, die von der Errichtung einer Moschee in Istanbul handelt. Daß von Brunelleschi ein Werk- und Probestück seines Könnens verlangt worden sein soll und er eine scheinbar ganz einfache Lösung dafür bot, könnte von der Anekdote über Giottos O inspiriert worden sein. Das Ei steht schon in lateinischen Formulierungen wie *ab ovo* für die grundsätzliche Bewältigung eines Problems.

Bibl.: Kris/Kurz 1995 (1934), S. 129–130.

64 Den Wortlaut von Brunelleschis Brief entnahm schon Antonio Manetti einem nicht namentlich gekennzeichneten Beschluß aus den Dokumenten der Domopera (Manetti, *Vita di Filippo Brunelleschi*, S. 85–88; Guasti 1857, S. 28–30, Dok. Nr. 51), wobei dem Archivdokument die wortreiche Vorrede fehlt und sich einige anderslautende Formulierungen finden, auf die Guasti in seiner Edition hinweist. Daß die Autorschaft dieses Plans allein Brunelleschi zufällt, ist also keineswegs gesichert und wird nur durch Manetti nahegelegt. Es ist durchaus denkbar, daß Ghiberti, Donatello und Nanni di Banco ebenfalls Anteil an der Formulierung dieser Lösung hatten.

65 Die 1419 bis 1423 errichtete Cappella Barbadori in Santa Felicità, heute bekannt durch die Fresken Jacopo Pontormos, erwähnt auch Manetti als wichtiges Frühwerk Brunelleschis (Manetti, *Vita di Filippo Brunelleschi*, S. 102). Durch zweimalige Umbauten im 16. und 18. Jahrhundert ist die Kapelle fast vollständig verloren. Die bauarchäologisch freigelegten Reste zeigen jedoch die Verwendung von antikisierenden Bauteilen, die Brunelleschi nach dem Florentiner Baptisterium gestaltete.

Bibl.: Saalman 1993, S. 83–105; Schedler 2004, S. 78–82.

66 Die Ridolfi-Kapelle für San Giacomo sopr'Arno erwähnt bereits Manetti (Manetti, *Vita di Filippo Brunelleschi*, S. 83). Sie wurde 1709 bei

einem Umbau der Kirche zerstört. Stiatta Ridolfi war 1401 als *camerlengo* für die Finanzen der Domopera zuständig und in der Arte della Lana eine einflußreiche Figur, weswegen der Auftrag für Brunelleschi von einiger Bedeutung gewesen sein mußte (Finiello Zervas 1979, S. 634).

Bibl.: Paatz/Paatz 1940–1954, Bd. II, S. 386.

67 Hier folgt Vasari Antonio Manetti (Manetti, *Vita di Filippo Brunelleschi*, S. 88–91), der berichtet, Brunelleschi sei zum Hauptverantwortlichen für den Bau ernannt worden und erst nachträglich sei ihm aufgrund einer Verschwörung Lorenzo Ghiberti als gleichberechtigter Bauleiter zur Seite gestellt worden. Nach den Dokumenten der Domopera wurden Filippo Brunelleschi, Lorenzo Ghiberti und Battista d'Antonio am 16. April 1430 mit identischer Entlohnung als Bauleiter eingesetzt, wobei als Stellvertreter der Maler Giuliano d'Arrigo, genannt Pesello, und Gherardo Acquetini da Prato benannt wurden, was der kooperativen Praxis an spätmittelalterlichen Dombauhütten entspricht (Guasti 1857, S. 35–36, Dok. Nr. 71).

68 Lorenzo Ghiberti wurde Brunelleschi nicht nachträglich als Kompagnon zur Seite gestellt, sondern hatte seit dem ersten Wettbewerb offenbar Anteil an der Wölbung der Kuppel, was aber von Manetti und Vasari komplett übergangen wurde. Lorenzo Ghiberti wurde bis Juni 1436 als Bauleiter vergütet (Guasti 1857, S. 42–45, Dok. Nr. 77–84, und S. 188).

69 Luca della Robbia (*1399/1400 Florenz – †1482 ebenda)

70 In einem Dokument vom 27. August 1423 wird Brunelleschi tatsächlich als »inventor et ghubernator« der Domkuppel bezeichnet (Guasti 1857, S. 71, Dok. Nr. 177). Margaret Haines hat anhand der Zeugnisse der Domopera dargestellt, wie im Zuge des Kuppelbaus die Vorstellung vom Architekten als *inventor* entsteht, der zugleich als Werkmeister (*capomaestro*) auch die Ausführung leitet.

Bibl.: Haines 1989.

71 Vermutlich war das wichtigste Modell der Domkuppel ein Mauerwerksmodell, von dem es 1430 heißt, es stehe neben dem Campanile und solle zerstört werden (Guasti 1857, S. 34–35, Dok. Nr. 68).

72 Diverse Schneidermeister und Tischler tauchen in den Dokumenten der Domopera auf, woraus Manetti offenbar auf ein Holzmodell der Domkuppel schloß. Vermutlich waren zu seiner Zeit auch noch einige in der Domopera zu finden. Ein »Bartolomeo di Francesco legnaiuolo« wird in den Dokumenten genannt (Guasti 1857, S. 20, Dok. Nr. 26).

73 Vasari bezieht hier seine Informationen aus Manetti (Manetti, *Vita di Filippo Brunelleschi*, S. 91), der wiederum Dokumente aus der Dom-

opera zitiert (Guasti 1857, S. 18, Dok. Nr. 20, und S. 21–22, Dok. Nr. 30).

74 Die amüsante Anekdote über Brunelleschis Krankheit bezieht Vasari aus Manetti (Manetti, *Vita di Filippo Brunelleschi*, S. 92–95).

75 Diese Nachricht aus den Dokumenten der Domopera entnimmt Vasari Manetti (Manetti, *Vita di Filippo Brunelleschi*, S. 95; Guasti 1857, S. 71, Dok. Nr. 177).

76 Antonio da Vercelli wurde von der Dombauhütte für ein Modell der Kuppel und für einen Lastenaufzug bezahlt (Guasti 1857, S. 60–61, Dok. Nr. 126). Die Nachricht, dieses Modell sei in Konkurrenz zu Brunelleschis Entwurf entstanden, entnimmt Vasari Manetti (Manetti, *Vita di Filippo Brunelleschi*, S. 95).

77 In den Dokumenten der Domopera findet sich die Nachricht, daß am 12. Dezember 1430 vierzig Maurermeistern und Handlangern gekündigt wurde und am 27. Februar des folgenden Jahres neununddreißig eingestellt wurden (Guasti 1857, S. 83, Dok. Nr. 229, 230). Unter dem Datum des 13. Februar 1429 heißt es, ein »magister lombardus« sei eingestellt worden (Guasti 1857, S. 82, Dok. Nr. 228). Diese Entlassungen und Einstellungen könnten ebensogut durch Witterung und andere Gründe bedingt sein. Die wunderbare Anekdote über die Aussperrung der Maurermeister dient schon bei Manetti dazu (Manetti, *Vita di Filippo Brunelleschi*, S. 96–97), Brunelleschi als alleinigen Autor des Kuppelbaus erscheinen zu lassen, woran berechtigte Zweifel bestehen.

78 Obwohl Filippo Brunelleschi oftmals kommunale Ämter bekleidete, kann die Aussage Vasaris, er sei 1423 zum Ratsherrn gewählt worden, nicht bestätigt werden. Ungeachtet dessen war Brunelleschis politische Laufbahn in den Jahren von 1420 bis 1430 sicherlich ein entscheidender Grund seines Erfolgs als Dombaumeister.

Bibl.: Finiello Zervas 1979.

79 Die Galerie von Baccio d'Agnolo, die am Tambour der Domkuppel noch heute sichtbar ist, wurde 1507 begonnen und nach heftiger Kritik teilweise wieder abgerissen (Guasti 1857, S. 122–123, Dok. Nr. 341, 342).

Bibl.: Nova 1994.

80 Für die Laterne der Domkuppel wurden wiederum unterschiedliche Modelle von Brunelleschi und Ghiberti angefertigt, wobei sich Brunelleschi schließlich durchsetzte (Guasti 1857, S. 91–95, Dok. Nr. 264–273). Die Anekdote über den Auftrag für das Laternenmodell mit der witzigen Einlage der Treppe, die im Modell durch ein Holzstück verdeckt wurde, findet sich auch in den Künstlerviten von Giovanni Battista Gelli (Gelli, Ed. Mancini, S. 55). Sie dient dazu, das Talent Brunelleschis herauszustreichen. Die Laternenstiege erscheint hier gewis-

sermaßen als Himmelsleiter, die nur Brunelleschi dank seiner herausragenden Tugend habe bauen können.

[81] Die Angaben zu den Maßen der Domkuppel differieren leicht von denen in der ersten Ausgabe der *Vite*, wo zudem das Kreuz und die Gesamthöhe nicht angegeben wurden.

[82] Der Neid des Himmels, der die Kuppel jeden Tag mit Blitzen strafe, ist insofern eine ungewöhnliche Aussage, als es sich bei diesem Bau um ein christliches Kirchengebäude handelt, bei dem man annehmen muß, das sich eine solche Vergeltung ausschließt. Mit dieser Aussage charakterisiert Vasari die Verwegenheit und Kühnheit Brunelleschis – bei ihm positiv konnotierte Eigenschaften des Baukünstlers –, die bis an die Grenze zum Sakrileg reicht. Denn wie kann man mit einem christlichen Gebäude den Himmel herausfordern? Bei Tacitus und Plinius war die Verwegenheit (*audacia*) der Architekten noch etwas Tadelnswertes. Möglicherweise steht hier die *Legenda Aurea* Pate, die vom Pantheon zu berichten weiß, die Überwölbung sei nur durch dämonische Hilfe geglückt (Buddensieg 1971, S. 260, Anm. 2).

Bibl.: Burioni 2009.

[83] Während sich die Baugeschichte der Domkuppel auf die Vita des Antonio Manetti stützte, folgt hier ein Œuvrekatalog, der sich hauptsächlich aus den Nachrichten des *Libro di Antonio Billi* bedient.

[84] Manetti erwähnt den Kapitelsaal der Pazzi in Santa Croce in seiner Vita nicht als Werk Brunelleschis. Dagegen wird er im *Libro di Antonio Billi* und dem *Anonimo Magliabechiano* Brunelleschi zugeschrieben (*Libro di Antonio Billi*, S. 33; *Anonimo Magliabechiano*, S. 74). Auch in den *Uomini singholari* des Manetti, einer Liste berühmter Männer, findet sich die Zuschreibung der Pazzi-Kapelle an Brunelleschi (Frey 1887, S. 119). Die Bauarbeiten für die Pazzi-Kapelle, die Familienmausoleum und Kapitelsaal zugleich sein sollte, wurden 1442 begonnen und erst 1469 abgeschlossen. Da nur ein Teil des Baus zu Lebzeiten Brunelleschis vollendet wurde, schreibt Saalman aufgrund einer Analyse der Kapitelle Brunelleschi nur die Kapelle zu, während er den hinzugefügten Portikus als Werk Michelozzos ansieht (Saalman 1993, S. 250 und S. 276). Trachtenberg sieht dagegen Michelozzo als Architekten des gesamten Werks, während Schedler auch den Portikus Brunelleschi zugeschrieben wissen möchte (Schedler 2004, S. 23).

Bibl.: Saalman 1993, S. 210–285; Trachtenberg 1996a; Schedler 2004.

[85] Der Palazzo Busini ist im *Libro di Antonio Billi* (ebd., S. 74) als Werk Brunelleschis aufgeführt, während Manetti ihn nicht erwähnt. Für Fabriczy kann er nicht als Werk Brunelleschis angesehen werden, während Klotz ihn Michelozzo zuschreibt. Der elegante Innenhof des

Palazzo Busini hat dabei immer wieder die Aufmerksamkeit auf sich gezogen; der Palazzo kann durch einen Katastereintrag auf vor 1427 datiert werden.

Bibl.: Fabriczy 1892, S. 53–54; Klotz 1970, S. 61–65.

[86] Hier folgt Vasari bis in die Forumlierungen dem *Libro di Antonio Billi* (ebd., S. 33). Brunelleschi erhält 1419 den Auftrag für das Findelhaus, das Ospedale degli Innocenti mit der berühmten Loggia, und ist bis 1427 persönlich am Bau beteiligt. Dann übernimmt der reiche Patrizier Francesco della Luna die Bauleitung. Im Jahre 1427 wird im Baugremium eine Zeichnung des Malers Gherardo di Giovanni für das Findelhaus besprochen. Saalman nimmt an, daß es sich dabei um eine Aufrißzeichnung handelte, auf Basis derer die Fassade des Gebäudes abweichend von Brunelleschis Plan ihr heutiges Aussehen erhielt, wie dies auch Manetti überliefert (Manetti, *Vita di Filippo Brunelleschi*, S. 99– 102). Ein vergleichbarer Portikus war schon an dem 1416 bis 1422 erbauten Ospedale di San Matteo in Lastra a Signa vorhanden. Brunelleschi gibt seinem Bau ein antikisches Aussehen und eine klare, städtebauliche Ausrichtung, was darauf hindeutet, daß er dabei an eine antike Platzanlage gedacht haben könnte. Er verwendet antikische Baudetails wie Vollsäulen, korinthische Pilaster und Kapitelle sowie einen Architrav. Das Findelhaus ist axial auf die Kirche Santissima Annunziata ausgerichtet und hat so maßgeblichen Anteil an der Ausbildung des großen Platzes.

Bibl.: Klotz 1970, S. 98–117; Saalman 1993, S. 32–81, besonders S. 52–53.

[87] Francesco della Luna (*1373 Florenz – †um 1446 ebenda) war ein Seidenhändler und Baumeister. Er bekleidete zahlreiche Ämter in der Stadt, war Geldgeber für das Ospedale degli Innocenti, dessen Bauleitung er 1427 von Brunelleschi übernahm, und war Mitglied im Ausschuß für die Auswahl des Modells für die Laterne der Domkuppel. Seinen Steuerzahlungen zufolge war er einer der reichsten Männer der Stadt.

Bibl.: Borsi/Morolli/Quinterio 1979, S. 235–246 (Francesco Quinterio).

[88] Die Reise Filippo Brunelleschis nach Mailand ist nicht dokumentiert; hier folgt Vasari dem *Libro di Antonio Billi* (ebd., S. 33).

[89] Schon Manetti bezeichnet den um die Ecke herumlaufenden Architrav als Fehler, den Francesco della Luna zu verantworten habe (Manetti, *Vita di Filippo Brunelleschi*, S. 101). Vasari schmückt diese Geschichte zu einem Lehrstück über die Nachahmung der Antike aus, indem er Francesco della Luna zu seiner Verteidigung auf das Baptisterium hinweisen läßt, wo Architrave ebenfalls umknicken, worauf Brunelleschi antwortet: »Ein einziger Fehler ist an diesem Bau und den hast du übernommen.« Schon im *Libro di Antonio Billi* findet sich eine gleichlautende

Formulierung (ebd., S. 33–34). Pier Francesco Giambullari bezeichnete in seiner toskanischen Grammatik die Verwendung von seltenen und ungebräuchlichen Vokabeln unter dem Vorwand, daß sie von berühmten Autoren benutzt werden, als *mala affectatio* (Giambullari, Ed. Bonomi, S. 24). Eine sehr ähnliche Version der Ankedote gibt Giovanni Battista Gelli in seinen *Capricci del Bottaio* von 1547 (Gelli, Ed. Tesori, S. 65).

[90] Manetti (*Vita di Filippo Brunelleschi*, S. 100) spricht lediglich von einer Zeichnung für das Findelhaus, die in der Arte della Seta verwahrt gewesen sei. Ein Modell erwähnt das *Libro di Antonio Billi* (ebd., S. 33).

[91] Die Zuschreibung der Badia Fiesolana an Brunelleschi nimmt erstmals Vasari vor. Die Badia Fiesolana war eine Benediktinerabtei, die 1439 von Papst Eugen IV. an die Augustiner-Chorherren übergeben wurde. Damit verbunden war ein von Cosimo de' Medici maßgeblich finanzierter Neubau des Klosters. Die Badia wird heute Antonio di Manetto Chiacceri zugeschrieben. Vasari erwähnt dieses Bauwerk erst in der zweiten Ausgabe.

Bibl.: Hyman 1995.

[92] Timoteo Maffei, eigentlich Niccolò Giacomo Maffei (*um 1415 Verona – †1470 Dubrovnik [Ragusa]), genoß eine humanistische Erziehung durch Guarino Guarini und trat Ende der 1430er Jahre den Augustiner-Chorherren bei. In dieser Eigenschaft hielt er sich für längere Zeit in der Badia Fiesolana auf, deren Neubau er laut Filarete (*Trattato*, Bd. II, S. 684) maßgeblich förderte. Er verfaßte auch eine kleine Schrift zur Verteidigung der prächtigen Bautätigkeit Cosimo de' Medicis. Von 1454 bis 1457 war er Generalvikar der Augustiner-Chorherren und seit 1467 Erzbischof von Dubrovnik (Ragusa).

Bibl.: Gagliardi 2008.

[93] Die Erneuerung der Befestigung von Vico Pisano wird 1429 beschlossen, am 14. August 1436 wird das Modell Brunelleschis als verbindlich für die Bauaufgabe erklärt. Im Verlauf des Jahres 1440 besuchte Brunelleschi dreimal die Baustelle vor Ort (Fabriczy 1907, S. 76–78). Der Auftrag wird in einer ausführlichen anekdotischen Erzählung von Manetti gewürdigt (*Vita di Filippo Brunelleschi*, S. 119–120), die Vasari nicht übernimmt. In knapper Form findet der Auftrag im *Libro di Antonio Billi* Erwähnung (ebd., S. 34). Die Tatsache, daß Vasari die Anekdote nicht erwähnt, legt nahe, daß das *Libro di Antonio Billi* im zweiten Teil der Vita Vasaris Hauptquelle ist.

[94] In Pisa war Brunelleschi an der Befestigung des Ponte a Mare ab 1426, der Porta del Parlascio ab 1435, der Cittadella Nuova ab 1440 beteiligt. Diese Befestigungen sind durch spätere Umbauten weitgehend verloren (Fabriczy 1907, S. 67–74). Die dokumentarisch belegten Befestigungen

von Lastra, Castellina, Rencine und Staggia erwähnt Vasari nicht.

95 Die Aufenthalte in Pesaro und Mailand sowie die Mitarbeit am Dom daselbst können nicht dokumentarisch belegt werden und sind vermutlich eine spätere Erfindung, um den Ruhm des Florentiners durch auswärtige Aufträge noch größer erscheinen zu lassen; diese Aufenthalte werden allerdings auch im *Libro di Antonio Billi* erwähnt (ebd., S. 35).

96 Giovanni di Averardo de' Medici, auch Giovanni di Bicci de' Medici genannt (*1360 Florenz – †1429 ebenda), war der Begründer des Bankhauses Medici. Er wurde mehrfach zum Prior der Arte del Cambio und 1421 zum Gonfaloniere der Republik Florenz gewählt, war Parteigänger des *popolo minuto* und richtete sich gegen die Oligarchie um Rinaldo degli Albizzi und Niccolò da Uzzano. Sein Haus in der Via Larga war freskiert, und Dello Delli bemalte die Möbel eines gesamten Raumes (beides verloren). Giovanni war im Ausschuß, der den Wettbewerb für die Bronzetüren des Baptisteriums veranlaßte, er unterstütze den Bau des Ospedale degli Innocenti und trug maßgeblich zur Finanzierung des Neubaus von San Lorenzo bei. Zudem stiftete er das Grabmal des Baldassare Coscia, des Gegenpapstes Johannes' XXIII., im Baptisterium von Florenz, das Lorenzo Ghiberti und Donatello ausführten. Zusammen mit seiner Frau Riccarda Bueri wurde Giovanni in einem Marmorsarkophag von Buggiano in der Alten Sakristei von San Lorenzo bestattet.

Bibl.: Turner 1996, Bd. XXI, S. 7–10.

97 Vasari folgt hier Manetti (*Vita di Filippo Brunelleschi*, S. 106– 110). Im Dezember 1418 stimmt die Signoria dem Wunsch des Priors von San Lorenzo, Matteo di Bartolomeo Dolfin, zu, einige Häuser und Grundstücke zu enteignen, um die Kirche zu vergrößern und zu verschönern. Zu diesem Zeitpunkt muß schon ein Grundrißplan der Kirche bestanden haben, der laut Matthew Cohen dem Prior Matteo di Bartolomeo Dolfin zuzuschreiben ist. Brunelleschi sei dann erst 1422 nach dem Tod Dolfins mit der Aufgabe betraut worden und habe den bestehenden Plan im Grundriß übernommen, aber in der Gestaltung erheblich verändert. Sodann wurde zuerst die Alte Sakristei als Familiengrablege der Medici bis 1428/29 abgeschlossen. Für die Errichtung des Langhauses schlägt Cohen zwei Bauphasen vor, erstere von 1446 bis 1450, die zweite von 1461 bis 1464. 1457 war die Vierungskuppel durch Antonio di Manetto Chiaccheri vollendet. Zwischen 1457 und 1461 wurde das Kanonikat errichtet und 1461 der Hauptaltar geweiht. Manetti schreibt in seinen *Uomini singholari* (Frey 1887, S. 119), Brunelleschi habe nur die Sakristei und die Vierung von San Lorenzo errichtet.

Bibl.: Fabriczy 1892, S. 158–159; Schedler 1993; Cohen 2008; Niebaum 2009.

[98] Manetti berichtet, daß Brunelleschi höchst unzufrieden mit den Stuckarbeiten und Bronzetüren Donatellos war (*Vita di Filippo Brunelleschi*, S. 109–110). Dies verschweigt Vasari, um die von ihm geschilderte Freundschaft zwischen den Künstlern nicht als getrübt erscheinen zu lassen.
[99] Das Grabmal für Giovanni di Bicci de' Medici besteht aus einem Sarkophag mit Festons und Putten mit einer langen Inschrift sowie einer darüber errichteten, monumentalen Mensa aus Marmor. Das Grabmal wurde von Andrea di Lazzaro Cavalcanti, genannt Buggiano, 1433 fertiggestellt.
[100] Vasari fügt hier eine eigenständige Kritik am Kirchenbau von San Lorenzo ein.
[101] Schon Manetti (*Vita di Filippo Brunelleschi*, S. 110) beklagt die Fehler von Antonio di Manetto Chiaccheri, der die Bauleitung für San Lorenzo und Santo Spirito nach dem Tod Brunelleschis übernahm. Von Filippo Brunelleschi sind Sonette gegen Giovanni di Gherardo da Prato überliefert.
Bibl.: Brunelleschi, *Sonetti*.
[102] Der Kreuzgang und die Kanonikerwohnung wurden 1457–1461 durch Antonio di Manetto Chiaccheri errichtet.
Bibl.: Saalman 1993, S. 183–187.
[103] Nur das *Libro di Antonio Billi* (ebd., S. 34) überliefert die Nachricht, Cosimo de' Medici habe Brunelleschi mit der Errichtung eines prächtigen Palastes auf der Piazza di San Lorenzo beauftragt. Verbürgt ist die Erweiterung der Piazza vor der Kirche in den Jahren 1434 durch die Domopera zur Mehrung des Schmuckes und der Pracht der Stadt, wie es in dem Dokument heißt (Saalman 1993, S. 153). Ob Brunelleschi an den anfänglichen Planungen des Palazzo Medici beteiligt war, der dann von Michelozzo zwischen 1446 und 1452 errichtet wurde, muß offen bleiben.
Bibl.: Hyman 1977, besonders S. 106–109.
[104] Das Oratorium wurde ab 1431 durch die Stiftung zweier Mitglieder der Familie Scolari in Santa Maria degli Angeli, einem Kamaldulenserkloster, das seinerzeit dem Ordensgeneral und Gelehrten Ambrogio Traversari unterstand, errichtet, blieb aber aus ungeklärten Gründen unvollendet. Der als Torso stehengebliebene Zentralbau wurde von Giuliano da Sangallo und Leonardo rezipiert, allerdings wußte schon Manetti nicht mehr, wie er liturgisch genutzt werden und wo der Altar aufgestellt werden sollte (Manetti, *Vita di Filippo Brunelleschi*, S. 106). 1434 gaben die Ufficiali della Torre ein Dokument heraus, in dem sie den Bau innerhalb der Klostermauern genehmigten, wobei von einem

dem Bau vorgelagerten Portikus die Rede ist, der mit dem Ospedale di San Matteo bei San Marco verglichen wird. Saalman nimmt an, daß dem Zentralbau tatsächlich ein Portikus vorgelagert werden sollte, während Syed dieses Dokument als irrelevant ansieht, da Brunelleschi erst nach 1434 als Baumeister eingesetzt worden sei. Das Oratorium verfügte über umlaufende Altäre. Die Lage des Hauptaltars ist jedoch nach wie vor umstritten. Bemerkenswert sind die im Mauerwerk ausgesparten monumentalen Nischen, die an römisch kaiserzeitliche Mauerwerkstechnik erinnern.

Bibl.: Saalman 1993, S. 380–409; Schedler 2004, S. 52–73; Bruschi 2006, S. 142–148; Syed 2010.

105 Die Nachricht, Niccolò da Uzzano (*1359 Florenz – †1431 ebenda) habe Brunelleschi mit dem Neubau der Florentiner Universität beauftragt, findet sich nur im *Anonimo Magliabechiano* (ebd., S. 75) und kann mit anderen Quellen nicht bestätigt werden.

106 Obwohl Manetti mehrere Zeichnungen Brunelleschis erwähnt, konnte bisher kein Blatt von seiner Hand identifiziert werden. Es ist unklar, welche Zeichnung Vasari hier meint. Giuliano da Sangallo hatte das Oratorium im Grundriß gezeichnet. In seinem *libro de' disegni* versammelte Vasari parallel zu den *Vite* eine Fülle von Meisterzeichnungen, die er chronologisch ordnete und mit Rahmen versah, welche stilistisch an die Epoche der Zeichner angepaßt wurden.

107 Der Florentiner Patrizier Luca Pitti (*1394 Florenz – †1472 ebenda) war ein wichtiger Parteigänger der Medici, der zahlreiche Ämter bekleidete, nach dem Tod Cosimos Ambitionen auf dessen Nachfolge zeigte und die Entmachtung Piero de' Medicis betrieb. Im letzten Moment rückte er von seinem Vorhaben ab und kehrte ins Lager der Medici zurück. Nach diesem doppelten Verrat konnte er keine öffentlichen Ämter mehr bekleiden. Der Bau seines gigantischen Palazzo in Oltrarno ist sichtbarer Ausdruck seines politischen Ehrgeizes.

108 Der Palazzo Pitti wird nur im *Anonimo Magliabechiano* (ebd., S. 75) Brunelleschi zugeschrieben. Seitdem Kurt Busse die Bauzeit auf 1457/58–1466 datieren konnte, ist die Zuschreibung an Brunelleschi hinfällig. Die Ergebnisse von Busse wurden durch neuere Archivrecherchen bestätigt (Romby/Ferretti, besonders S. 155). Bis 1466 wurden die mittleren sieben Traveen errichtet, die in ihrer Monumentalität freilich alle übrigen Florentiner Palastbauten in den Schatten stellten.

Bibl.: Busse 1930; Romby/Ferretti 2002.

109 Die nachfolgenden Informationen zum Palazzo Pitti finden sich erst in der zweiten Auflage.

110 Die Zuschreibung des Palazzo Pitti an Luca Fancelli ist falsch. Fan-

celli (*1430 Settignano – †nach 1495) war ein Bildhauer und Architekt. Für die Gonzaga in Mantua baute er den Palazzo in Revere und die Nova Domus. Er leitete die Bauausführung von San Sebastiano und Sant'Andrea nach den Entwürfen von Leon Battista Alberti. 1478 gab er ein Gutachten für die Mailänder Dombauhütte ab und wurde von Lorenzo de' Medici zum Bauleiter für Santa Maria del Fiore ernannt.

Bibl.: Belluzzi 1996.

111 Leon Battista Alberti (*1404 Genua – †1472 Rom)

112 Zum Chor der Annunziata in Florenz siehe die Vita des Alberti in diesem Band (S. 81–82).

113 Lodovico Gonzaga (*1460 Mantua – †1511 Gazzuolo), ab 1483 Bischof von Mantua, mußte sich nach einem Streit mit seinem Neffen, dem Markgrafen Francesco Gonzaga, auf ein Landgut in Gazzuolo zurückziehen, wo er umgeben von Literaten und Künstlern Hof hielt.

114 Eleonora di Toledo (*1522 Toledo – †1562 Pisa) war ab 1539 Erzherzogin von Florenz und regierte an der Seite Cosimos I. Sie protegierte Bronzino, der ihre Kapelle im Palazzo della Signoria ausmalte, und gab wichtige Impulse für die Umgestaltung der Stadt Florenz von einem Stadtstaat zu einer fürstlichen Residenz. Die Entscheidung zum Umbau des Palazzo Pitti zur Residenz des Herzogtums geht auf sie zurück.

Bibl.: Eisenbichler 2004.

115 Eleonora di Toledo erwarb den Palazzo Pitti 1550 und baute ihn nach Plänen von Bartolomeo Ammannati zur weitläufigen Residenz der Medici aus. Die Erweiterung der Fassade, die rustizierte Hofanlage und die Boboli-Gärten stammen aus dieser Bauphase. Erst durch die Erweiterung von Giulio Parisi im 17. Jahrhundert erlangte der Palast seine heutige Gestalt.

Bibl.: Kiene 1995; Romby/Ferretti 2002; Ferretti 2006.

116 Die Querelen mit dem Staat, auf die Vasari hier anspielt, bestehen in einer Verschwörung gegen die Medici 1466, die das Ziel verfolgte, ihnen die Herrschaft über Florenz zu entreißen und die Patrizierherrschaft wiederzuerrichten.

117 Bartolomeo Ammannati (*1511 Settignano – †1592 Florenz)

118 Der ausführliche Einschub zu den Verkündigungsfesten in San Felice in Piazza und in Santa Maria del Carmine wurde in der zweiten Ausgabe hinzugefügt. Er geht auf Recherchen Vincenzio Borghinis zurück (Biblioteca Nazionale Centrale di Firenze, Fondo Nazionale, II.X.100, fol. 8v–10r). In der Theatergeschichte ist dieser Passage Vasaris immer wieder große Aufmerksamkeit zuteil geworden.

Bibl.: Newbigin 2007.

119 Durch Dokumente der Domopera sind zwei Reisen nach Mantua

1432 und 1436 verbürgt. Das von Vasari angeführte Datum kann dagegen ausgeschlossen werden, da Brunelleschi dann schon zu alt gewesen wäre.

Bibl.: Fabriczy 1892, S. 366–367.

[120] Francesco Sforza, genannt Il Moro (*1452 Vigevano – †1508 Loches), Sohn von Francesco Sforza und Bianca Maria Visconti. Als Regent für seinen Neffen Gian Galeazzo usurpierte er dessen Herrschaft und wurde 1480 Herzog von Mailand, bis er 1499 von den Franzosen aus Mailand vertrieben wurde. Er starb in französischer Gefangenschaft in Schloß Loches. An seinem Hof waren Leonardo da Vinci und Donato Bramante tätig.

[121] Niccolò Gambacorti (†1442) war ein Feldherr in den Diensten der Republik Florenz.

[122] Diese Nachricht über das Lob der Feldherrn bei der Befestigung von Vico Pisano übernimmt Vasari von Manetti (*Vita di Filippo Brunelleschi*, S. 119–120). Der Schilderung Manettis fügt er den Namen Francesco Sforza hinzu.

[123] Das Haus der Barbadori am Eingang zum Ponte Vecchio neben dem Turm der Rossi erwähnt auch Manetti (*Vita di Filippo Brunelleschi*, S. 116–117). Diese Behauptung konnte bisher wegen der vielen Umbauten des Gebäudes nicht verifiziert werden.

Bibl.: Fabriczy 1892, S. 298–299.

[124] Die Bemerkung über das Haus der Giuntini an der Piazza Ognissanti ist eine eigenständige Zutat Vasaris, die wegen der zahlreichen Umbauten nicht verifiziert werden kann.

[125] Beim Neubau des Palazzo di Parte Guelfa hat Brunelleschi monumentale Eckpilaster mit Rundfenstern und Oculi verbunden und so der Palastfassade ein antikisches Gepräge gegeben. Vermutlich dachte er dabei an die Form von antiken Triumphbögen. Der Palazzo di Parte Guelfa bestand im Kern aus einem Bau des Trecento, der zwischen 1319 und 1323 begonnen und mit einem Zinnenkranz geschmückt worden war (Benzi/Bertuzzi 2006, S. 24). Dieser wurde ab 1420 durch die Erweiterung auf sechs zusätzliche Achsen mit straßenseitigen Läden beträchtlich vergrößert (Finiello Zervas 1984; Benzi/Bertuzzi 2006, S. 94). Eine monumentale Fassade zur Piazza della Signoria bildete der massive Baublock erst durch Brunelleschis Eingriff aus, der über der bereits errichteten Erweiterung zu stehen kam und diese einschneidend veränderte. Die Autorschaft Brunelleschis kann nicht durch Dokumente bekräftigt werden, wie auch die Datierung der neuartigen Fassadengestaltung sich nicht sicher bestimmen läßt. Den großen Audienzsaal im Inneren hält Finiello Zervas nicht für ein Werk Brunelleschis (Finello Zervas 1984, S. 498). Saalman datiert die Fassade Brunelleschis

inklusive der Gestaltung des Audienzsaales nach 1442, während Finiello Zervas sie ohne den Audienzsaal vor 1434 ansetzt. Die Zuschreibung des Gebäudes an Brunelleschi basiert auf Manetti (*Vita di Filippo Brunelleschi*, S. 103–104). In seinen *Uomini singholari* präzisiert Manetti, Brunelleschi habe »einen Teil des Palazzo di Parte Guelfa errichtet, den [Audienz-]Saal nicht fertiggestellt und andere Dinge [geschaffen], die dort sind und gut gemacht sind« (Frey 1887, S. 119).

Bibl.: Finiello Zervas 1984; Saalman 1993, S. 286–337; Benzi/Bertuzzi 2006; Bruschi 2006, S. 148–155.

[126] Giorgio Vasari (*1511 Arezzo – †1574 Florenz)

[127] Nach der Arnoüberschwemmung 1558 ordnete Cosimo I. den Umzug des *Ufficio del Monte* in den Palazzo di Parte Guelfa an. Dazu paßte Vasari das Gebäude der neuen Funktion an, fügte eine Terrasse an der Rückseite hinzu und vollendete den großen Audienzsaal mit einer Holzdecke.

Bibl.: Saalman 1993, S. 304.

[128] Fra Francesco Mellini, genannt Francesco Zoppo (†Florenz 1432)

[129] Den Neubau der Kirche von Santo Spirito schildert Vasari in enger Anlehnung an Manetti (*Vita di Filippo Brunelleschi*, S. 120–124). 1433 werden Pietro di Agostino di Bennino und Stoldo di Leonardo Frescobaldi zu Bauverwaltern ernannt. Die Bauarbeiten setzten erst 1444 kurz vor Brunelleschis Tod ein. Von 1457 bis 1460 übernimmt Antonio di Manetto Chiaccheri die Bauleitung, und zwischen 1479 und 1482 errichtete Salvi d'Andrea die Kuppel.

Bibl.: Fabriczy 1892, S. 198; Saalman 1993, S. 338–379; Bruschi 2006, S. 127–142.

[130] Lorenzo Ridolfi (*1362/1363 Florenz – †1443 Pistoia) lehrte kanonisches Recht in Bologna und Florenz. Er war politisch einflußreich und schrieb ein berühmtes Traktat über den Wucher (*Tractatus de usuris*, 1404).

[131] Bartolomeo Corbinelli (*1349 Florenz – †1427/30 ebenda) war ein Mitglied der Arte della Lana und bekleidete zahlreiche politische Ämter in Florenz.

[132] Neri di Gino Capponi (*1388 Florenz – †1457 ebenda) war ein Mitglied der Arte della Lana und hatte viele politische Ämter inne. Er wurde in Santo Spirito in einem Grabmal beigesetzt, das den Brüdern Rossellino zugeschrieben wird. Seine politische Tätigkeit krönte er mit seiner Geschichte von Florenz (*Commentarii*).

[133] Gregoro Dati (*1362 Florenz- †1435 ebenda) bekleidete zahlreiche politische Ämter und schrieb eine Geschichte von Florenz (*Istoria Fiorentina*).

[134] Stoldo di Leonardo Frescobaldi war *provveditore* von San Lorenzo.

[135] Von dem Plan Brunelleschis, die Kirche Santo Spirito zum Arno hin

auszurichten, berichtet auch Manetti (*Vita di Filippo Brunelleschi*, S. 122–123).

136 Vasari spielt auf den Bericht des *Libro di Antonio Billi* (ebd., S. 33) an, in dem mehrere Abweichungen von Brunelleschis Plan aufgelistet werden.

137 Hier übernimmt Vasari eine Anekdote aus den sogenannten *Facietien* des Angelo Poliziano, in der Donatello als Protagonist auftritt, und überträgt sie auf Brunelleschi.

Bibl.: *Angelo Poliziano*, S. 27.

138 Das Familiengrab der Brunelleschi befand sich tatsächlich in San Marco, wie auch Manetti berichtet (*Vita di Filippo Brunelleschi*, S. 51). Brunelleschis Leichnam wurde unter der Vierung des Doms gefunden.

139 Die These, daß Brunelleschi die Gotik überwunden habe, ergänzt Vasari in der ersten Ausgabe noch durch eine Aufzählung von mittelalterlichen Bauten.

140 Die Überwindung der Gotik wie auch die Einführung der Säulenordnungen als Leistungen Brunelleschis hat Vasari bei Manetti entlehnt, der dies auch schon behauptet hatte.

141 Andrea di Lazzaro Cavalcanti, genannt Buggiano (*1412 Borgo a Buggiano – †1462 Florenz), war der Adpotivsohn Filippo Brunelleschis. Buggiano floh 1434 mit 200 Goldflorin und Schmuck nach Neapel. Erst nach dem Eingreifen von Papst Eugen IV. kehrte er wieder zurück (Fabriczy 1907, S. 80–81). Er führte das Grabmal des Giovanni di Bicci de' Medici in der Alten Sakristei, das Lavabo und die Kanzel in Santa Maria del Fiore aus.

Bibl.: Borsi/Morolli/Quinterio 1979, S. 247–259 (Francesco Quinterio).

142 Die Ausführung des Lavabo für die nördliche Sakristei von Santa Maria del Fiore ist urkundlich verbürgt (Fabriczy 1907, S. 35–39).

143 Das Ehrenmal für Brunelleschi in Santa Maria del Fiore wurde von Buggiano 1446 vollendet. Es kann durch Dokumente in der Domopera belegt werden. In der Geschichte der Künstlerehrungen nimmt es durch die Verbindung von Porträt und lateinischer Inschrift eine herausragende Rolle ein. Buggiano adaptierte dafür die *imago clipeata* eines römischen Togatus, die er bei seiner Neapelreise gesehen hatte. Die lateinische Inschrift stammt vom Kanzler der Florentiner Republik, Carlo Marsuppini, und ist Vorbild für das nachfolgende Ehrenmal Giottos im Florentiner Dom. Gleichwohl war die Beisetzung und Ehrung von Baumeistern im Kirchenbau auch vor Brunelleschi üblich, wie die Büste von Peter Parler im Prager Veitsdom und das Grabmal des Hans von Burghausen in Landshut zeigen.

Bibl.: Oy-Marra 1994; Collareta 1996.

[144] Die Inschrift findet sich noch heute an dem Ehrenmal.
[145] Die hier von Vasari verbürgte Inschrift ist verschollen. Möglicherweise ist sie aber auch nur ein literarisches Epitaph, das Brunelleschi rühmen sollte.
[146] Giovanni Battista Strozzi (*1504 – †1571)
[147] Das Sonett von Strozzi spielt auf Dantes Läuterungsberg an und würdigt die Florentiner Domkuppel als eine Himmelsleiter.

Bibl.: Burioni 2008, S. 109–110.

[148] Domenico Gagini (*1420 Bissone – †1492 Palermo) arbeitete an der Johanneskapelle im Dom von Genua, am Triumphbogen von Alfons V. in Neapel und ließ sich in Palermo nieder, wo er eine Reihe von Werken hinterließ. Die Nachricht, er sei Schüler Brunelleschis gewesen, übernimmt Vasari von Filarete.
[149] Vermutlich meint Vasari den Bildhauer und Medailleur Cristoforo di Geremia (*1410 Mantua – †1476 Rom).
[150] Der Bildhauer und Architekt Luciano Laurana (*1420/25 Laurana/Zara – †1479 Pesaro) war maßgeblich an der Erbauung des Herzogspalastes von Urbino beteiligt.
[151] Simone Ferrucci (*1437 Fiesole – †1493 Florenz) war ein Bildhauer, dem die Madonna von Orsanmichele zugeschrieben wird.
[152] Wer der Graf Tagliacozzo ist, läßt sich nicht bestimmen. Die Grafschaft von Tagliacozzo war Teil des Herrschaftsbereichs der römischen Familie Orsini, so daß die genannte Person wohl hier zu suchen ist.
[153] Hier meint Vasari Niccolò di Giovanni Baroncelli, genannt Niccolò del Cavallo (*? Florenz – †1453 Ferrara), und Antonio di Cristoforo da Firenze (Lebensdaten unbekannt).
[154] Das bronzene Reiterdenkmal des Niccolò III. d'Este gab Borso d'Este 1443 in Auftrag. Es wurde 1451 in Modena aufgestellt und ist heute verschollen.

Bibl.: Rosenberg 1973.

[155] Siehe Bettarini/Barocchi, *Vite*, Bd. II, S. 319.

Bibliographie zum Leben des Filippo Brunelleschi

AKL

Allgemeines Künstlerlexikon. Die bildenden Künstler aller Zeiten und Völker, München/Leipzig 1992–2012, 73 Bde.

Alberti, Ed. Bätschmann/Gianfreda

Alberti, Leon Battista: *Über die Malkunst. Della pittura*, hg. v. Oskar Bätschmann u. Sandra Gianfreda, Darmstadt 2002.

Angelo Poliziano

Angelo Polizianos Tagebuch (1477–1479), hg. v. Albert Wesselski, Jena 1929.

Anonimo Magliabechiano

L'Anonimo Magliabechiano, hg. v. Annamaria Ficarra, Neapel 1968.

Barocchi, *Scritti*

Barocchi, Paola (Hg.): *Scritti d'arte del Cinquecento*, Mailand 1971–1977, 3 Bde.

Bettarini/Barocchi, *Vite*

Bettarini, Rosanna / Barocchi, Paola (Hgg.): *Giorgio Vasari. Le vite de' più eccellenti pittori, scultori e architettori nelle redazioni del 1550 e 1568*, Florenz 1966–1987, 6 Bde.

Boccaccio, *Decamerone*

Giovanni Boccaccio: *Decamerone*, hg. v Vittore Branca, Turin 1999, 2 Bde.

Brunelleschi, *Sonetti*

Filippo Brunelleschi: *Sonetti*, hg. v. Domenico de Robertis u. Giuliano Tanturli, Florenz 1977.

DBI

Dizionario Biografico degli Italiani, hg. v. Istituto della Enciclopedia Italiana, Rom 1960–2011, 75 Bde.

Filarete, *Trattato*

Antonio Averlino detto il Filarete: *Trattato d'architettura*, hg. v. Anna M. Finoli u. Liliana Grassi, Mailand 1972, 2 Bde.

Gelli, Ed. Mancini

Mancini, Girolamo: ›Vite d'artisti di Giovanni Battista Gelli‹, in: *Archivio Storico Italiano*, 1896, Bd. XVII, S. 32–62.

Gelli, Ed. Tesori
Gelli, Giovan Battista: *Dialoghi. I Capricci del Bottaio. La Circe. Ragionamento sulla Lingua*, hg. v. Roberto Tesori, Bari 1967.
Ghiberti, *Commentarii*
Ghiberti, Lorenzo: *I Commentarii*, hg. v. Ottavio Morisani, Neapel 1947.
Giambullari, Ed. Bonomi
Giambullari, Pier Francesco: *Regole della Lingua Fiorentina*, hg. v. Ilaria Bonomi, Florenz 1986.
Libro di Antonio Billi
Libro di Antonio Billi, hg. v. Fabio Benedettucci, Anzio bei Rom 1991.
Manetti, *Novelle*
Manetti, Antonio: *Die Novelle vom dicken Holzschnitzer*. Mit einer Einführung von Matteo Burioni, Berlin 2012.
Manetti, *Vita di Filippo Brunelleschi*
Manetti, Antonio: *Vita di Filippo Brunelleschi predecuta dalla Novella del Grasso*, hg. v. Domenico de Robertis u. Giuliano Tanturli, Mailand 1976.
Novella, Ed. Lanza
Novella del Grasso Legnaiuolo nelle redazioni dei codici Palatino 51 e Palatino 200, di Bernardo Giambullari e di Bartolomeo Davanzanti, hg. v. Antonio Lanza, Florenz 1989.
Novella, Ed. Procaccioli
Novella del Grasso Legnaiuolo, hg. v. Paolo Procaccioli, Parma 1990.
Paatz/Paatz 1940–1954
Paatz, Walter/Paatz, Elisabeth: *Die Kirchen von Florenz. Ein kunstgeschichtliches Handbuch*, Frankfurt a. M. 1940–1954, 6 Bde.
Petrarca, Ed. Contini/Pochiroli
Petrarca, Francesco: *Canzoniere*, hg. v. Gianfranco Contini u. Daniele Pochiroli, 2. Aufl., Turin 1992.
Petrarca, Ed. Gabor/Dreyer
Petrarca, Francesco: *Canzoniere. Nach einer Interlinearübersetzung von Geraldine Gabor in deutsche Verse gebracht von Ernst Jürgen Dreyer mit Anmerkungen zu den Gedichten von Geraldine Gabor*, Basel/Frankfurt a. M. 1990.
Thieme/Becker
Allgemeines Lexikon der bildenden Künstler von der Antike bis zur Gegenwart, hg. v. Ulrich Thieme u. Felix Becker, Leipzig 1907–1950, 37 Bde.
Turner 1996
Turner, Jane (Hg.): *The Dictionary of Art*, London/New York 1996, 34 Bde.

Vasari, *Einführung*
Giorgio Vasari. Einführung in die Künste der Architektur, Bildhauerei und Malerei, kommentiert u. hg. v. Matteo Burioni, 2. Aufl., Berlin 2012.

Bach 2009
Bach, Friedrich T.: ›Filippo Brunelleschi und der dicke Holzschnitzer. Perspektive als anthropologisches Experiment und das Paradigma des Bildes als Einlegearbeit‹, in: Friedrich T. Bach/Wolfram Pichler (Hgg.): *Öffnungen. Zur Theorie und Geschichte der Zeichnung*, München 2009, S. 63–91.

Barry/Sereni/Ricci 2010
Barry, Jones/Sereni, Andrea/Ricci, Massimo: ›Building Brunelleschi's Dome: A Practical Methodology Verified by Experiment‹, in: *Journal of the Society of Architectural Historians*, 2010, Bd. LXIX, S. 38–61.

Battisti 1979
Battisti, Eugenio: *Filippo Brunelleschi. Das Gesamtwerk*, Stuttgart 1979.

Bellosi 1998
Bellosi, Luciano: ›Filippo Brunelleschi e la scultura‹, in: *Prospettiva*, 1998, Bd. XCI/XCII, S. 48–69.

Belluzzi 1996
Belluzzi, Amedeo: ›Fancelli, Luca‹, in: Turner 1996, Bd. X, S. 784–785.

Benzi/Bertuzzi 2006
Benzi, Sara/Bertuzzi, Luca: *Il Palagio di Parte Guelfa a Firenze*, Florenz 2006.

Berger 1998
Berger, Albrecht: ›Die Hagia Sophia in Geschichte und Legende‹, in: Volker Hoffmann (Hg.): *Die Hagia Sophia in Istanbul.* Akten des Berner Kolloquiums vom 21. Oktober 1994, Bern u.a. 1998, S. 11–28.

Borsi/Morolli/Quinterio 1979
Borsi, Franco/Morolli, Gabriele/Quinterio, Francesco (Hgg.): *Brunelleschiani*, Rom 1979.

Bruschi 2006
Bruschi, Arnaldo: *Filippo Brunelleschi*, Mailand 2006.

Buddensieg 1971
Buddensieg, Tilmann: ›Criticism and Praise of the Pantheon in the Middle Ages and the Renaissance‹, in: Robert R. Bolgar (Hg.): *Classical Influences on European Culture A. D. 500–1500*. Proceedings of an International Conference held at King's College, Cambridge, April 1969, Cambridge 1971, S. 259–267.

Burckhardt, Ed. Ghelardi
Burckhardt, Jacob: *Die Baukunst der Renaissance in Italien. Nach der Erstausgabe der ›Geschichte der Renaissance in Italien‹*, hg. v. Maurizio Ghelardi, München 2000 (Jacob Burckhardt, Werke, Bd. V).

Burioni 2008
Burioni, Matteo: *Die Renaissance der Architekten. Profession und Souveränität des Baukünstlers in Giorgio Vasaris Viten*, Berlin 2008.

Burioni 2009
Burioni, Matteo: ›Biographie als Theorie. Der Wagemut des Architekten bei Vasari, Bellori und Félibien‹, in: Werner Oechslin (Hg.): *Architekt und/versus Baumeister. Siebter Barocksommerkurs der Stiftung Bibliothek Werner Oechslin*, Zürich 2009, S. 30–39.

Burns 1971
Burns, Howard: ›Quattrocento Architecture and the Antique: Some Problems‹, in: Robert R. Bolgar (Hg.): *Classical Influences on European Culture A. D. 500–1500*. Proceedings of an International Conference held at King's College, Cambridge, April 1969, Cambridge 1971, S. 269–288.

Busse 1930
Busse, Kurt H.: ›Der Pitti Palast. Seine Erbauung 1458–1466 und seine Darstellung in den ältesten Stadtansichten von Florenz (1469)‹, in: *Jahrbuch der Preußischen Kunstsammlungen*, 1930, Bd. LI, S. 110–132.

Büttner 1998
Büttner, Frank: ›Rationalisierung der Mimesis. Anfänge der konstruierten Perspektive bei Brunelleschi und Alberti‹, in: Andreas Kablitz/Gerhard Neumann (Hgg.): *Mimesis und Simulation*, Freiburg i. Br. 1998, S. 55–88.

Ciapelli 1998
Ciapelli, Giovanni: ›da Rabatta, Forese‹, in: DBI, 1998, Bd. XLVIII, S. 794–795.

Cohen 2008
Cohen, Matthew A.: ›How Much Brunelleschi? A Late Medieval Proportional System in the Basilica of San Lorenzo in Florence‹, in: *Journal of the Society of Architectural Historians*, 2008, Bd. LXVII, S. 18–57.

Cohen 2009
Cohen, Matthew A.: ›The Lombard Connection: Northern Influences in the Basilica of San Lorenzo and Santo Spirito in Florence‹, in: *Annali d'architettura*, 2009, Bd. XXI, S. 31–44.
Collareta 1996
Collareta, Marco: ›Du portrait à la biographie: Brunelleschi et quelques autres‹, in: Matthias Waschek (Hg.): *Les Vies d'artistes*, Paris 1996, S. 41–53.
Edgerton 2002
Edgerton, Samuel Y.: *Die Entdeckung der Perspektive*, München 2002.
Eisenbichler 2004
Eisenbichler, Konrad (Hg.): *The Cultural World of Eleonora di Toledo. Duchess of Florence and Siena*, Aldershot 2004.
Fabriczy 1892
Fabriczy, Cornel von: *Filippo Brunelleschi. Sein Leben und seine Werke*, Stuttgart 1892.
Fabriczy 1907
Fabriczy, Cornel von: ›Brunelleschiana. Urkunden und Forschungen zur Biographie des Meisters‹, in: *Jahrbuch der Königlich Preußischen Kunstsammlungen*, 1907, Bd. XXVIII, S. 1–84.
Fanelli 2004
Fanelli, Giovanni/Fanelli, Michele: *La Cupola del Brunelleschi. Storia e futuro di una grande costruzione*, Florenz 2004.
Ferretti 2006
Ferretti, Emanuela: ›Palazzo Pitti 1550–1560: precisazioni e nuove acquisizioni sui lavori di Eleonora di Toledo‹, in: *Opus incertum*, 2006, Bd. I, S. 45–56.
Finiello Zervas 1979
Finiello Zervas, Diane: ›Filippo Brunelleschi's Political Career‹, in: *The Burlington Magazine*, 1979, Bd. CXXI, S. 630–639.
Finiello Zervas 1984
Finiello Zervas, Diane: ›The Parte Guelfa Palace, Brunelleschi and Antonio Manetti‹, in: *The Burlington Magazine*, 1984, Bd. CXXVI, S. 494–499.
Frey 1887
Vasari, Giorgio: *Le vite di Filippo Brunelleschi scultore e architetto fiorentino con aggiunte, documenti e note scritte da Giorgio Vasari e anonimo autore. Zum Gebrauche bei Vorlesungen*, hg. v. Carl Frey, Berlin 1887.
Gagliardi 2008
Gagliardi, Isabella: ›Maffei, Timoteo‹, in: DBI, 2008, Bd. LXVII, S. 263–266.

Gosebruch 1959
Gosebruch, Martin: ›Florentinische Kapitelle von Brunelleschi bis zum Tempio Malatestiano und der Eigenstil der Frührenaissance‹, in: *Römisches Jahrbuch für Kunstgeschichte*, 1959, Bd. VIII, S. 63–193.
Groebner 2004
Groebner, Valentin: *Der Schein der Person. Steckbrief, Ausweis und Kontrolle im Mittelalter*, München 2004.
Guasti 1857
Guasti, Cesare: *La Cupola di Santa Maria del Fiore. Illustrata con i documenti dell'Archivio dell'opera secolare*, Florenz 1857, (Nachdruck Bologna 1974).
Guasti 1887
Guasti, Cesare: *Santa Maria del Fiore. La costruzione della chiesa e del campanile. Secondo i documenti tratti dall'Archivio dell'opera secolare*, Florenz 1887.
Haines 1989
Haines, Margaret: ›Brunelleschi and Bureaucracy. The Tradition of Public Patronage at the Florentine Cathedral‹, in: *I Tatti Studies*, 1989, Bd. III, S. 89–125.
Heydenreich 1931
Heydenreich, Ludwig H.: ›Spätwerke Brunelleschis‹, in: *Jahrbuch der Preußischen Kunstsammlungen*, 1931, Bd. LII, S. 1–28.
Hörster 1973
Hörster, Marita: ›Brunelleschi und Alberti in ihrer Stellung zur Antike‹, in: *Mitteilungen des Kunsthistorischen Institutes in Florenz*, 1973, Bd. XVII, S. 29–64.
Hyman 1972
Hyman, Isabelle: ›Brunelleschi, Filippo‹, in: DBI, 1972, Bd. XIV, S. 534–545.
Hyman 1977
Hyman, Isabelle: ›Notes and Speculations on San Lorenzo, Palazzo Medici and an Urban Project by Brunelleschi‹, in: *Journal of the Society of Architectural Historians*, 1977, Bd. XXXIV, S. 98–120.
Hyman 1979
Hyman, Isabelle: ›The Venice Connection: Questions about Brunelleschi and the East‹, in: Sergio Bertelli/Nicolai Rubinstein/Craig Hugh Smyth (Hg.): *Florence and Venice: Comparisons and Relations*, 2 Bde., Florenz 1979, Bd. I, S. 193–208.
Hyman 1995
Hyman, Isabelle: ›Antonio di Manetto Chiaccheri and the Badia Fiesolana‹, in: *Architectura*, 1995, Bd. XXV, S. 181–193.

Kat. Florenz 1977
Brunelleschi scultore. Mostra celebrativa nel sesto centenario della sua nascita, hg. v. Emma Micheletti/Antonio Paolucci, Ausst.-Kat. Museo Nazionale del Bargello, Florenz 1977.

Kemp 1978
Kemp, Martin: ›Science, Non-Science and Nonsense: The Interpretation of Brunelleschi's Perspective‹, in: *Art History*, 1978, Bd. I, S. 134–161.

Kiene 1995
Kiene, Michael: *Bartolomeo Ammannati*, Mailand 1995.

Klotz 1970
Klotz, Heinrich: *Die Frühwerke Brunelleschis und die mittelalterliche Tradition*, Berlin 1970.

Kris/Kurz 1995 (1934)
Kris, Ernst/Kurz, Otto: *Die Legende vom Künstler. Ein geschichtlicher Versuch*, Frankfurt a. M. 1995 (englische Originalausgabe 1934).

Löhr 2011
Löhr, Wolf-Dietrich: ›Von Gottes I zu Giottos O: Schöpferhand und Künstlerkörper zwischen Mittelalter und Früher Neuzeit‹, in: Johannes Bilstein/Guido Reuter (Hgg.): *Auge und Hand*, Oberhausen 2011, S. 51–76.

Middeldorf-Kosegarten 1980
Middeldorf-Kosegarten, Antje: ›The Origins of Artistic Competition in Italy‹, in: *Lorenzo Ghiberti e il suo tempo. Atti del convegno internazionale di studi*, Firenze 1978, 2 Bde., Florenz 1980, Bd. I, S. 167–186.

Molho 1977
Molho, Anthony: ›Three Documents Regarding Filippo Brunelleschi‹, in: *The Burlington Magazine*, 1977, Bd. CXIX, S. 851–852.

Newbigin 2007
Newbigin, Nerida: ›Greasing the Wheels of Heaven: Recycling, Innovation and the Question of Brunelleschi's Stage Machinery‹, in: *I Tatti Studies*, 2007, Bd. XI, S. 201–241.

Niebaum 2009
Niebaum, Jens: ›Phantom oder Architekt? Zur Diskussion zwischen Matthew Cohen und Volker Herzner um Matteo Dolfini und San Lorenzo in Florenz‹, in: *Kunstgeschichte. Texte zur Diskussion*, 2009-44, http://urn:nbn:de:0009-23-20471 (Oktober 2011).

Nova 1994
Nova, Alessandro: ›Il ballatoio di Santa Maria del Fiore a Firenze‹, in: Henry Millon/Vittorio Magnago Lampugnani (Hgg.): *Rinascimento da Brunelleschi a Michelangelo*, Ausst.-Kat. Venedig, Palazzo Grassi, Mailand 1994, S. 593–599.

Onians 1982
Onians, John: ›Brunelleschi: Humanist or Nationalist?‹, in: *Art History*, 1982, Bd. V, S. 259–272.
Oy-Marra 1994
Oy-Marra, Elisabeth: *Florentiner Ehrengrabmäler der Frührenaissance*, Berlin 1994.
Rauterberg 1996
Rauterberg, Hanno: *Die Konkurrenzreliefs. Brunelleschi und Ghiberti im Wettbewerb um die Baptisteriumstür in Florenz*, Münster 1996.
Reudenbach 2003
Reudenbach, Bruno: ›Künstlerlob und Künstlervita: das Epitaph des hanns stainmezz (Hans von Burghausen) an St. Martin in Landshut‹, in: Rudolf Suntrup/Jan R. Veenstra (Hgg.): *Self-Fashioning*, Frankfurt a. M. 2003, S. 137–154.
Riccò 1979
Riccò, Laura: *Vasari scrittore. La prima edizione del libro delle Vite*, Rom 1979.
Roccasecca 1996
Roccasecca, Pietro: ›Paolo Dal Pozzo Toscanelli‹, in: Turner 1996, Bd. XXXI, S. 200–201.
Rochon 1975
Rochon, André: ›Une date importante dans l'histoire de la beffa: La Nouvelle du Grasso legnaiuolo‹, in: André Rochon (Hg.): *Formes e significations de la ›beffa‹ dans la litterature italienne de la Renaissance*, Paris 1975, S. 211–376.
Romby/Ferretti 2002
Romby, Giuseppina C./Ferretti, Emanuela: ›Aggiornamenti e novità documentarie su Palazzo Pitti‹, in: *Mitteilungen des Kunsthistorischen Institutes in Florenz*, 2002, Bd. XLVI, S. 152–196.
Rosenberg 1973
Rosenberg, Charles M.: ›Some New Documents concerning Donatello's Unexecuted Monument to Borso d'Este in Modena‹, in: *Mitteilungen des Kunsthistorischen Institutes in Florenz*, 1973, Bd. XVII, S. 149–152.
Rubin 1995
Rubin, Patricia: *Giorgio Vasari. Art and History*, New Haven/London 1995.
Saalman 1959
Saalman, Howard: ›Filippo Brunelleschi: Capital Studies‹, in: *Art Bulletin*, 1959, Bd. XL, S. 113–137.

Saalman 1980
Saalman, Howard: *Filippo Brunelleschi. The Cupola of Santa Maria del Fiore*, London 1980.
Saalman 1993
Saalman, Howard: *Filippo Brunelleschi. The Buildings*, London 1993.
Sanpaolesi 1972
Sanpaolesi, Piero: ›La cupola di Santa Maria del Fiore e il mausoleo di Soltanieh: rapporti di forma e struttura fra la cupola del Duomo di Firenze ed il mausoleo del Ilkhan Ulgiaitu a Soltanieh in Persia‹, in: *Mitteilungen des Kunsthistorischen Institutes in Florenz*, 1972, Bd. XVI, S. 221–260.
Schedler 1993
Schedler, Uta: ›Giovanni di Bicci, Filippo Brunelleschi und der Bau von S. Lorenzo in Florenz‹, in: *Münchner Jahrbuch der bildenden Kunst*, 3. F., 1993, Bd. XLIV, S. 47–71.
Schedler 2004
Schedler, Uta: *Filippo Brunelleschi. Synthese von Antike und Mittelalter in der Renaissance*, Petersberg 2004.
Schüssler 1997
Schüssler, Gosbert: ›Ein provozierendes Bildwerk der Passion: Donatellos Kruzifix von S. Croce‹, in: Karl Möseneder (Hg.): *Streit um Bilder. Von Byzanz bis Duchamp*, Berlin 1997, S. 49–72.
Syed 2010
Syed, Anna: ›Brunelleschis Oratorium von Santa Maria degli Angeli zwischen liturgischer Nutzung und architektonischem Anspruch‹, in: *Zeitschrift für Kunstgeschichte*, 2010, Bd. LXXIII, S. 487–506.
Tanturli 1980
Tanturli, Giuliano: ›Rapporti del Brunelleschi con gli ambienti letterari‹, in: *Filippo Brunelleschi. La sua opera e il suo tempo*, Florenz 1980, 2 Bde., Bd. I, S. 125–144.
Thoenes 1973
Thoenes, Christof: ›Brunelleschis Architektursytem‹, in: *Architectura*, 1973, Bd. III, S. 87–93.
Thoenes 1980
Thoenes, Christof: ›Spezie e ordine di colonne nell'architettura del Brunelleschi‹, in: *Filippo Brunelleschi. La sua opera e il suo tempo*, Florenz 1980, 2 Bde., Bd. II, S. 459–470.
Trachtenberg 1995
Trachtenberg, Marvin: ›On Brunelleschi's Old Sacristy as Model for Early Renaissance Church Architecture‹, in: Jean Guillaume (Hg.): *L'église dans l'architecture de la Renaissance*, Paris 1995, S. 9–39.

Trachtenberg 1996a

Trachtenberg, Marvin: ›Why the Pazzi Chapel Is Not by Brunelleschi‹, in: *Casabella,* 1996, Bd. LX, H 635, S. 58–77.

Trachtenberg 1996b

Trachtenberg, Marvin: ›On Brunelleschi's Choice. Speculations on Medieval Rome and the Beginning of the Origins of Renaissance Architecture‹, in: Cecil L. Striker (Hg.): *Architectural Studies in Memory of Richard Krautheimer,* Mainz 1996, S. 169–173.

Daten zu Leben und Werk Filippo Brunelleschis

1377	Geburt Filippo Brunelleschis
18. 12. 1398	Filippo bittet um Aufnahme in die Seidenweberzunft.
7. 2. 1400	Ein »Pippo di Ser Benincasa« hilft bei der Fertigstellung des Silberaltars von Pistoia. Wahrscheinlich handelt es sich um Brunelleschi.
1400	Ausschreibung des Wettbewerbs für die Baptisteriumstüren des Domes in Florenz. Brunelleschi fertigt das Relief der Opferung Isaaks.
1402	Der Auftrag für die Baptisteriumstüren wird an Ghiberti vergeben.
10. 11. 1404	Der Goldschmied Brunelleschi wird zu Beratung über die Strebepfeiler der Chortribünen in die Dombauhütte zu Florenz gebeten.
16. 2. 1406	Brunelleschi und Lorenzo Ghiberti werden aus dem Beratungsgremium ausgeschlossen.
1409	Brunelleschi spielt zusammen mit Donatello dem Holzschnitzer Manetto Ammannatini einen bösen Streich, indem er ihn glauben macht, ein gewisser Matteo geworden zu sein.
1410–1415	Kruzifix für Santa Maria Novella in Florenz
9. 10. 1415	Brunelleschi und Donatello werden für das Modell einer Figur für die Strebepfeiler des Florentiner Domes bezahlt.
19. 5. 1417	Brunelleschi bekommt 10 Goldflorin für unspezifizierte Arbeiten an der Wölbung der Florentiner Domkuppel.
20. 8. 1418	Ausschreibung eines Wettbewerbs für die Wölbung der Domkuppel zu Florenz
22. 12. 1418	Der Prior Matteo Dolfin beantragt bei der Signoria Enteignungen, um die Kirche von San Lorenzo zu vergrößern und zu verschönern.
August 1419	Verträge für die Errichtung des Ospedale degli Innocenti werden unterschrieben.
1419–1423	Errichtung der Barbadori-Kapelle in Santa Felicità und der Ridolfi-Kapelle in San Giacomo sopr'Arno in Florenz

1. 4. 1420	Das Modell von Brunelleschi, Donatello und Nanni di Banco sowie das Modell des Ghiberti erzielen die höchste Vergütung unter den Wettbewerbsbeiträgen für die Wölbung der Domkuppel.
27. 8. 1423	Brunelleschi wird als »inventor et ghubernator« der Domkuppel bezeichnet.
1426	Beginn der Befestigung des Ponte a mare in Pisa.
1427	Brunelleschi gibt die Bauleitung des Findelhauses an Francesco della Luna ab.
1428–1429	Errichtung der Alten Sakristei in San Lorenzo
16. 4. 1430	Lorenzo Ghiberti, Filippo Brunelleschi und Battista d'Antonio werden mit gleicher Vergütung als Baumeister für die Kuppelwölbung ernannt.
1432	Reise nach Mantua
1434	Baubeginn des Oratorium degli Angeli und Tätigkeit Brunelleschis am Palazzo di Parte Guelfa in Florenz
1435	Beginn der Befestigung der Porta a Parlascio in Pisa
Juni 1436	Letzte Vergütung Ghibertis als Baumeister der Domkuppel. Brunelleschi reist nach Mantua.
August 1436	Feierliche Einweihung der Domkuppel in Florenz
14. 8. 1436	Das Modell Brunelleschis für die Befestigung von Vico Pisano wird als verbindlich angesehen.
1440	Im Laufe des Jahres besucht Brunelleschi dreimal die Baustelle zur Befestigung von Vico Pisano. Beginn der Befestigung der Cittadella Nuova in Pisa
1442	Beginn der Errichtung der Pazzi-Kapelle in Florenz
1444	Baubeginn von San Lorenzo in Florenz
15. 4. 1446	Brunelleschi stirbt in Florenz, wird im Dom beigesetzt und erhält ein Ehrengrabmal.

Die Daten sind folgenden Publikationen entnommen: Fabriczy 1892; Fabriczy 1907; Battisti 1979.

Bedeutende Werke Filippo Brunelleschis

Plastische Werke in Florenz

- Kruzifix, Santa Maria Novella, Gondi-Kapelle
- Relief mit der *Opferung Isaaks*, Museo Nazionale del Bargello

Bauten in Florenz

- Kuppel und Laterne von Santa Maria del Fiore
- Ospedale degli Innocenti (Findelhaus)
- Palazzo di Parte Guelfa, Fassade und Audienzsaal
- Pazzi-Kapelle, Santa Croce, Kreuzgang
- San Lorenzo, Alte Sakristei
- San Lorenzo, Kirche
- Santa Maria degli Angeli, Zentralbau
- Santo Spirito, Kirche
- Santa Felicità, Barbadori-Kapelle

Anmerkungen zum Leben des Leon Battista Alberti

Zur Einleitung (S. 71–73)

1 Zu Alberti als Architekt vgl. Burns 1999; Kat. Mantua 2006; Bulgarelli 2008. Eine Würdigung Albertis bei Grafton 2001.
2 Zur Alberti-Vita Vasaris vgl. Burioni 2008, S. 97–103.
3 Siehe die Einleitung von Alberti, Ed. Tauber.
4 Noch dramatischer ist das bei Antonio Averlino, genannt Filarete, der Fall.

Zu Vasaris Text (S. 75–85)

1 Hier zitiert Vasari fast wörtlich aus Leon Battista Albertis Architekturtraktat in der Ausgabe von Cosimo Bartoli (Alberti, Ed. Bartoli, S. 147).
2 Die unerläßliche Verbindung von Theorie (*ratiocinatio*) und Praxis (*fabrica*) war bereits das Thema im Einleitungskapitel des kaiserzeitlichen Architekturtraktats des Vitruv (Vitruv, *De architectura*, Buch I,I,1), das in der Renaissance ganz unterschiedlich ausgelegt wurde. Vitruv sah Theorie und Praxis als zwei sich ergänzende und bedingende Seiten der Baukunst, während Alberti in seinem Architekturtraktat (Alberti, Ed. Orlandi/Portoghesi, Bd. I, S. 19–20) behauptete, in der Zeichnung sei die gesamte Baukunst aufgehoben, während dem Zimmermeister oder Steinmetz die Bauausführung überlassen werden könne. Vasari stimmt hier ein Grundthema der Vita an und führt Vitruvs ausgewogenes Verhältnis von Theorie und Praxis gegen Alberti ins Feld, dem er vorwirft, kein besonderes Interesse an der Bauausführung gehabt zu haben. Dagegen hatte Vasari selbst den *disegno* in Anlehnung an die Architekturzeichnung als geistigen Entwurf charakterisiert (Vasari, *Einführung*, S. 99).

Bibl.: Kemp 1974; Thoenes 1999; Burioni 2008, S. 69–75.

3 In der Ausgabe der Vita von 1550 folgt an dieser Stelle noch ein ergänzender Satz zum Nutzen der Theorie.

[4] Leon Battista Alberti (* Genua 18. Februar 1404 – † 1472 Florenz). Bibl.: Mancini 1911; Boschetto 2000; Grafton 2001.

[5] Es ist unklar, auf welche andere Erwähnung der Familie Alberti Vasari hier anspielt.

[6] Vasari meint hier Albertis 1485 erstmals in Florenz gedrucktes Architekturtraktat, *De re aedificatoria*, wobei er als Datum des Erstdrucks fälschlicherweise 1481 nennt. Das Architekturtraktat zirkulierte jedoch bereits vorher in Manuskripten. Eines (Eton College, ms. 128) befand sich etwa im Besitz des venezianischen Patriziers Bernardo Bembo, Vater des berühmten Pietro Bembo. Die Abfassung von *De re aedificatoria* erfolgte über einen langen Zeitraum, was man der Schrift noch heute ansieht. Wegen des langen Entstehungsprozesses ist auch die Datierung stark umstritten. In seinen vor 1440 verfaßten *Ludi Matematici* bemerkte Alberti selbst, er habe über Architektur geschrieben, und Matteo Palmieri berichtete, daß ersterer sein Traktat 1452 Nikolaus V. überreicht habe. Daher vermutete man, das Traktat sei zu diesem Zeitpunkt abgeschlossen gewesen. Aufgrund einer Analyse der verwendeten Quellen hält Grafton jedoch eine Niederschrift nach 1452 für zwingend. Das Ausmaß der redaktionellen Arbeit, die anläßlich des Erstdrucks 1485 unter der Aufsicht von Angelo Poliziano in Florenz erfolgte, ist noch immer nicht hinreichend geklärt. 1546 erschien das Traktat in einer italienischen Übersetzung in Venedig, 1550 publizierte Cosimo Bartoli eine italienische Übersetzung in Florenz mit einem von Giorgio Vasari gezeichneten Frontispiz. Eine weitere italienische Übersetzung der ersten drei Bücher ist in der Biblioteca Riccardiana erhalten (Manoscritto Riccardiano 2520). In seinem Traktat wetteiferte Alberti mit dem kaiserzeitlichen Autor Vitruv, den er für unverständlich hielt, und widmete fünf seiner zehn Bücher dem Bauschmuck. Das komplexe Architekturtraktat war im 15. Jahrhundert keineswegs kanonisch und fand vermutlich nur wenige Leser, die dem anspruchsvollen Latein gewachsen waren.

Bibl.: Alberti, Ed. Orlandi/Portoghesi, Bd. II, S. 1005–1013 (Giovanni Orlandi); Grafton 2001, S. 279; Kat. Mantua 2006, S. 209–213.

[7] Cosimo Bartoli (* Florenz 1503 – † 1572 ebenda) war im 16. Jahrhundert vermutlich der beste Kenner Albertis und übersetzte eine Vielzahl seiner Schriften. Er ist mit einiger Sicherheit als Co-Autor der Vita des Alberti anzusehen.

Bibl.: Burioni 2008, S. 102.

[8] Das Malereitraktat *De pictura* ist in zwei leicht voneinander abweichenden Fassungen auf uns gekommen. Ob die lateinische oder die italienische Fassung Priorität besitzt, ist umstritten. Die italienische Ver-

sion widmete Alberti im August 1436 anläßlich der Wölbung der Florentiner Domkuppel Filippo Brunelleschi. Das Traktat erschien 1540 in Basel erstmals im Druck, wobei die Textfassung an einigen Stellen von der Manuskripttradition abweicht. Es folgten eine italienische Übersetzung in Venedig 1547 und schließlich eine in Florenz 1568. 1650 wurde das Traktat der französischen Ausgabe des Malereitraktats von Leonardo angehängt und hatte so eine enorme Wirkung auf die akademische Kunstdebatte in Europa.

Bibl.: Alberti, Ed. Bätschmann/Gianfreda, S. 14–140.

9 Lodovico Domenichi (* Piacenza 1514 – † 1564 Pisa)

10 Das Traktat ist vermutlich mit der inzwischen nicht mehr Alberti zugeschriebenen Schrift in der Biblioteca Laurenziana zu identifizieren (Vasari, Ed. Mancini, S. 27, Anm. 2).

11 Hier meint Vasari die *Ludi Matematici*, ein Traktat über die Vermessungslehre.

12 Vasari meint vermutlich den unter dem Titel *Libro della vita civile* gedruckten Dialog *Theogonius*. Daß sich Vasari hier auf Albertis *Della famiglia* bezieht, ist unwahrscheinlich, da dieses Traktat nur in Manuskripten zirkulierte.

13 Mit den Schriften über die Liebe meint Vasari vermutlich *Deifira* und *Ecatomphyla*, die bereits 1471 in Padua im Druck erschienen.

14 Dieser Vers, der sonst nicht belegt ist, spielt auf den Dichterwettstreit, den *Certame Coronario*, an, den Alberti in Florenz veranstaltete.

Bibl.: Burioni 2008, S. 102.

15 Der gelehrte Humanist und Diplomat Tommaso Parentucelli, ab 1447 Papst Nikolaus V. (*Sarzana 1397 – † 1455 Rom), wurde 1444 zum Bischof von Bologna, 1446 zum Kardinal ernannt. Als Papst beendete er das Kirchenschisma und krönte Friedrich III. 1452 als letzten Kaiser in Rom. Diese Geschehnisse entfalteten sich vor dem Hintergrund der Eroberung Konstantinopels 1453 durch das Osmanische Reich unter Mehmet II. Alberti und Nikolaus V. lernten sich vermutlich in Bologna kennen, wo sie gemeinsam studierten. Nikolaus V. initiierte umfangreiche städtebauliche Maßnahmen in Rom, ließ den noch heute so genannten Turm Nikolaus' V. im Vatikanischen Palast errichten und die Cappella Niccolina durch Fra Angelico mit Szenen aus der Legende des Heiligen Stephanus ausmalen.

Bibl.: Wohl 1996.

16 Flavio Biondo (*Forlì 1392 – † 1463 Rom) war ein wichtiger Humanist, Antiquar und Historiker. Er schrieb vier große Werke: *Historiarium ab inclinatione romani imperii decades*, die *Italia illustrata*, die *Roma instaurata* sowie die *Roma triumphans*. Hatte er in dem ersten Werk die Jahrhun-

derte nach dem Fall Roms als Gegenstand der humanistischen Geschichtsschreibung etabliert, so widmete er sich in den beiden folgenden Werken der Landeskunde und Archäologie Italiens und Roms. In seinem Werk *Roma instaurata* versuchte er die erste, systematische Rekonstruktion der antiken Stadt, wobei er nach Topographie und Institution ordnete. Dank seiner intimen Kenntnis der antiken Ruinen widerlegte er viele Irrtümer, die sich in den Mirabilienführern angesammelt hatten. Ab 1454 beschäftigte er sich in der *Roma triumphans* mit einer umfassenden Kulturgeschichte Roms.

Bibl.: Fubini 1968.

[17] Bernardo Rossellino (* Settignano 1409 – † 1464 Florenz) war Bildhauer und Architekt. Er schuf 1444 das Grabmal für Leonardo Bruni in Santa Croce und 1451 das Denkmal für die Selige Villana in Santa Croce in Florenz. 1460–1464 nahm er für Papst Pius II. in seiner Heimatstadt Pienza ein komplette Stadterneuerung vor, die den Dom, den Papstpalast sowie Kardinalspaläste und einfache Häuser umfaßte. Wegen der frappierenden Ähnlichkeiten zwischen dem Palazzo Piccolomini und dem Palazzo Rucellai wurde immer wieder eine Beteiligung Rossellinos an der Errichtung des Florentiner Palastbaus vermutet.

[18] Antonio Rossellino (*Settignano 1427/28 – † 1479 Florenz) war ein Florentiner Bildhauer. Sein Hauptwerk ist die 1461–1464 ausgestattete Kapelle des Kardinals von Portugal in San Miniato al Monte. In der zweiten Vita des Rossellino erwähnt Vasari ausführlich die Aufträge für Nikolaus V., wobei er sich fast wörtlich an Gianozzo Manettis lateinische Vita des Papstes hält (Bettarini/Barocchi, *Vite*, Bd. III, S. 394–396).

[19] Die Restaurierung der Acqua Vergine und der Bau eines wohl relativ einfachen Auffangbeckens am Trevi-Brunnen wurden unter Nikolaus V. realisiert. Ob Alberti tatsächlich beteiligt war, ist nicht sicher.

Bibl.: Magnuson 1958; Westfall 1974; Tafuri 1987.

[20] Sigismondo Malatesta (*Rimini 1417 – † 1468 ebenda) errang als Söldnerführer im Dienste des Papsttums seine ersten Erfolge und stand später in den Diensten Neapels und Venedigs. Um Rimini schuf er sich einen Herrschaftsbesitz, den er infolge des Bruchs mit König Alfons I. von Neapel und Sizilien wieder verlor. Er beschäftigte Humanisten wie Basinio da Parma und Roberto Valturio und ließ in der gotischen Kirche San Francesco in Rimini Grabmäler errichten, die von Agostino di Duccio und Piero della Francesca ausgestattet wurden. Pisanello schuf eine Medaille für ihn. 1438 weilte Filippo Brunelleschi in Rimini, und in diesem Zusammenhang könnte der Bau des Castel Sismondo angeregt worden sein.

Bibl.: Falcioni 2007.

[21] San Francesco in Rimini war eine gotische Franziskanerkirche, die auf Wunsch des Herrschers von Rimini, Sigismondo Malatesta, zum fürstlichen Mausoleum umgebaut wurde. Dabei adaptierte Alberti erstmals den antiken Triumphbogen für die Fassade eines christlichen, dreischiffigen Kirchenbaus, was in der Folge bis zu Palladio und Vignola eine verbindliche Lösung bleiben sollte. Die Rundbogen-Arkaden der Seitenfront übernahm Alberti vom Kolosseum. Aufgrund von Kriegsschäden und Restaurierungen ist das genaue Ausmaß der Arbeiten Albertis bis heute nicht präzise zu bestimmen. Auch die Datierung ist keineswegs geklärt. Vermutlich begann die konkrete Planung für das Gebäude nach 1454.

Bibl.: Hope 1992; Burns 1999; Grafton 2001, S. 316; Kat. Mantua 2006, S. 267–275 (Angelo Turchini).

[22] Sigismondo Malatesta veranlaßte vermutlich 1447 den Innenausbau von San Francesco. Er errichtete eine Kapelle des Heiligen Sigismund, eine Musenkapelle und eine Kapelle der Künste. Diese Kapellen wurden mit Reliefs von Agostino di Duccio geschmückt.

Bibl.: Hope 1992; Grafton 2001, S. 316; Kat. Mantua 2006, S. 267–275 (Angelo Turchini).

[23] Ein Fresko von Piero della Francesca im Tempio Malatestiano zeigt ein Porträt des Sigismondo Malatesta, der vor dem Heiligen Sigismund kniet.

[24] Johannes Gutenberg (* Mainz um 1400 – † 1468 ebenda) gilt als Erfinder des Buchdrucks mit beweglichen Lettern. Alberti interessierte sich nachweislich gegen Ende seines Lebens für diese Erfindung, als die ersten Druckerpressen in Rom eröffneten.

[25] Diese Passage ist eine Zugabe der zweiten Ausgabe. Es ist bemerkenswert, daß hier bereits zwei wichtige technische Erfindungen des 15. Jahrhunderts miteinander verglichen werden. Die dadurch ermöglichte Vervielfältigung von Bildern und Texten prägte das 15. und 16. Jahrhundert in entscheidender Weise. Alberti erfand noch eine Reihe weiterer technischer Geräte, um etwa Rom zu vermessen oder eine Geheimschrift für die päpstliche Kanzlei einzuführen.

Bibl.: Kittler 2001.

[26] Giovanni di Paolo Rucellai (*Florenz 1403 – † 1481 ebenda) war ein Florentiner Patrizier und Kaufmann, der die Geschicke seiner Familie durch seine Hochzeit mit einer Tochter des reichen und mächtigen Palla Strozzi geprägt hat. Nachdem die Medici Palla Strozzi 1434 ins Exil geschickt hatten, litt auch Giovanni erheblich unter dieser Verbannung. Dennoch konnte er die Florentiner Besitztümer des Palla Strozzi verwalten und so eine Reihe großer Bauprojekte in Florenz beginnen.

1450 versöhnte er sich mit den Medici, indem er Cosimo de' Medici als Taufpaten für einen seiner Söhne gewann, 1468 heiratete ein weiterer Sohn eine Medici. Von ihm ist ein Haus- und Erinnerungsbuch, der *Zibaldone*, erhalten, in dem er politische Zeitläufte, Familienereignisse und künstlerische Aufträge notierte.

Bibl.: Kent 1981.

[27] Die Fassade von Santa Maria Novella wurde 1457–1470 über den Grabmälern aus dem Trecento errichtet. Giovanni Rucellai finanzierte das Projekt und wurde mit einer lateinischen Inschrift im Tempelfries auf bis dahin nicht gekannte Weise gewürdigt. Alberti ließ die Fassade im oberen Teil in einer Art antiker Tempelfront abschließen, die den folgenden Architekten den Weg wies, wie eine christliche Kirche mit einer Tempelfront geschmückt werden könne. Die liegenden Voluten, die den Unterschied zwischen den divergierenden Höhen von Haupt- und Seitenschiff verbergen halfen, avancierten durch Vignola zu einem üblichen Element im Kirchenbau. Durch den Buntmarmor, die freigestellten Säulen und das prunkvolle Portal war diese Fassade in Florenz von beispielloser Pracht.

Bibl.: Burns 1999; Bulgarelli 2006; Kat. Mantua 2006, S. 381–391 (Riccardo Pacciani); Schwartz 2009.

[28] Cosimo Rucellai (* Florenz 1468 – † 1495 ebenda) war Gastgeber einer Gesprächsrunde in den Orti Oricellari. Niccolò Machiavelli setzte ihm in seiner Abhandlung *Arte della Guerra* (*Über die Kunst des Krieges*) ein Denkmal. Daß Vasari das früh verstorbene Familienmitglied für den Bauherrn des Palazzo Rucellai hält, ist erstaunlich. Er vermutete wohl, daß der Palazzo Rucellai erst am Ende des 15. Jahrhunderts errichtet worden sei. Dies ist insofern interessant, als Palastbauten mit Säulenordnungen in Rom, Savona und Ferrara Ende des 15. Jahrhunderts häufiger vorkommen.

[29] Der Palazzo Rucellai weist die erste Palastfassade der frühen Neuzeit auf, die durch übereinandergestellte Ordnungen gestaltet ist. Dafür orientierte sich Alberti am Kolosseum, wo übereinander dorische, ionische, korinthische und eine Ordnung mit Bossenkapitell auftreten. Allerdings verwendete Alberti die prächtigste Ordnung für das *piano nobile*, weshalb hier nicht von einer Superposition wie beim Kolosseum gesprochen werden kann. Brenda Preyer datierte die ersten fünf Travéen des Palasts um 1450, wobei von einer Wiederaufnahme der Bauarbeiten und einer Vollendung der restlichen zwei Travéen nach 1456 auszugehen sei. Die von ihr zusammengetragenen Quellen können jedoch auch ein Entstehungsdatum der gesamten Fassade nach 1456 belegen. Alles hängt davon ab, wie man den Zusammenhang zwischen dem In-

nenausbau und der Fassade interpretiert. Ein enger Zusammenhang spricht für eine frühe Datierung, sieht man die Fassade aber als weitgehend unabhängig von der Umdisposition des Innenraums, wird eine Datierung nach 1456 wahrscheinlicher. Eine umfassende Relektüre der Umstände des Auftrags hat Arturo Calzona zu einer Spätdatierung der gesamten Fassade nach 1456 veranlaßt. Dieser Hypothese widersprach Christoph Luitpold Frommel mit Hinweis auf seine Untersuchung des Kellergeschosses des Palasts. Nach seiner Auffassung wurden die Mauern des Kellergeschosses verstärkt, um die Orientierung der Fassade an die Straßenführung anzugleichen. Frommels Bauaufnahmen bestätigen Preyers frühe Datierung.

Bibl.: Preyer 1981; Burns 1999; Bulgarelli 2008, S. 39–51; Calzona 2008; Frommel 2009; Burioni 2011, S. 295.

30 Das Haus und die Gärten der Rucellai in der Via della Scala, die sogenannten *Orti Oricellari*, gelangten durch eine Art ›politischen Salon‹, in dem sich auch Niccolò Machiavelli einfand, zu einiger Berühmtheit. Dieser Bau stammt nicht von Alberti. Die Fehlzuschreibung Vasaris liegt vermutlich in einer mündlich überlieferten Familientradition der Rucellai begründet.

31 Die Heiliggrabkapelle in San Pancrazio ließ Giovanni Rucellai ab 1457 in der Kirche San Pancrazio errichten, die sich in unmittelbarer Nähe zum Palazzo Rucellai befand. Ein enger Zusammenhang zwischen Palastbau und Heiliggrabkapelle ist öfter nahegelegt worden. Der kleine, mit Buntmarmor verkleidete Bau, der eine Kopie des Heiligen Grabes in Jerusalem darstellt und mit einer umlaufenden lateinischen Inschrift in monumentalen Lettern verziert ist, die auf den Anfang der Passionsspiele hinweist, ist sicherlich Albertis schönstes erhaltenes Werk. Ob der Bau tatsächlich unmittelbar mit dem Unionskonzil zusammenhängt, wie Naujokat behauptet, muß angesichts der Datierung bezweifelt werden.

Bibl.: Kat. Mantua 2006, S. 369-373 (Riccardo Pacciani); Naujokat 2006.

32 Lodovico Gonzaga (* Mantua 1414 – † 1478 ebenda)

33 Der Chor der Santissima Annunziata wurde ab 1460 von Antonio di Manetto Chiaccheri errichtet. Als Finanzier stand Lodovico Gonzaga in engem Kontakt zu Alberti, der in Dokumenten der Florentiner Kirche 1470–1471 genannt wird. Die ungewöhnliche Form des Chors, die antike Rundbauten zu zitieren scheint, macht eine wie auch immer geartete Beteiligung Albertis an dem Projekt wahrscheinlich.

Bibl.: Kat. Mantua 2006, S. 403–417 (Arturo Calzona).

34 Die Kirche Sant'Andrea in Mantua wurde ab 1470 nach einem Plan

Albertis von Luca Fancelli errichtet. Für die Verwahrung und liturgische Präsentation der Reliquie des Blutes Christi beabsichtigte Lodovico Gonzaga einen kompletten Neubau des benediktinischen Klosters von Sant'Andrea. Dafür lag ein Plan von Antonio di Manetto Chiaccheri vor, dem aber Albertis Planungen vorgezogen wurden. Die erste Bauphase 1470–1494 unter Luca Fancelli folgte noch weitgehend Albertis Plänen, eine zweite Bauphase läßt sich 1530–1565 datieren. Für die Fassade verband Alberti den antiken Triumphbogen mit einer Tempelfront und kam so zu einer einzigartigen Fassadenlösung, die darüber hinaus auch dem tonnengewölbten Innenraum entsprach. Diesen Innenraum gestaltete Alberti als Saalkirche mit Abseiten, die eine gekonnte Lichtregie aufweist, indem allein die Vierung hell erstrahlt, während das Hauptschiff durch seitliche, hochstehende Fenster nur spärlich beleuchtet wurde.

Bibl.: Kat. Mantua 2006, S. 492–499 (Federica Cerchiari).

35 Welche Bauten Vasari hier meint, konnte nicht ermittelt werden.

36 Vasari hat sich im Vornamen geirrt. Es handelt sich um denselben Baumeister, Luca Fancelli, den er gleich danach erwähnt.

37 Luca Fancelli (* Settignano 1430 – † nach 1495) war Bildhauer und Architekt. Für die Gonzaga in Mantua baute er den Palazzo in Revere sowie die Nova Domus und leitete ferner die Bauausführung von San Sebastiano und Sant'Andrea nach den Entwürfen Leon Battista Albertis. 1478 verfaßte er ein Gutachten für die Mailänder Dombauhütte und wurde von Lorenzo de' Medici zum Bauleiter für Santa Maria del Fiore ernannt.

Bibl.: Amedeo Belluzzi: ›Luca Fancelli‹, in: Turner 1996, Bd. X, S. 784.

38 Antonio Averlino, genannt Filarete (* Florenz ca. 1400 – † ca. 1469) war Bildhauer, Medailleur und Bronzegießer. Auch er hat ein Architekturtraktat verfaßt.

39 Albertis Zeichnung des Ponte Sant'Angelo für Nikolaus V. konnte nicht identifiziert werden. Daß Vasari eine eigenhändige Zeichnung Albertis besaß, ist unwahrscheinlich. Howard Burns hat eine Zeichnung eines Bades in der Biblioteca Laurenziana versuchsweise Alberti zugeschrieben.

Bibl.: Burns 1999.

40 Die Madonnenkapelle am Ponte a Carraia ist nicht erhalten.

41 Palla di Bernardo Rucellai (*Florenz 1473 – †1543 ebenda)

42 Das Selbstporträt im Spiegel entnimmt Vasari der Vita von Paolo Giovio (Borsi 1982, S. 369). Die erwähnten Darstellungen in *chiaroscuro* können nicht identifiziert werden.

Bibl.: Borsi 1982.

43 Mit der perspektivischen Darstellung Venedigs meint Vasari vermutlich den wunderschönen und präzisen Kupferstich von Jacopo de' Barberi.

44 Die Vita endet in der älteren Ausgabe mit einem lateinischen Epitaph, das Alberti als neuen Vitruv preist: »LEONI BAPTISTAE ALBERTO VITRUVIO FLORENTINO/ALBERTUS IACET HIC LEO LEONEM/QUEM FLORENTIA IURE NUNCUPAVIT/QUOD PRINCEPS FUIT ERUDITIONUM/PRINCEPS UT LEO SOLUS EST FERARUM« (Bettarini/Barocchi, *Vite*, Bd. III, S. 290).

Bibliographie zum Leben des Leon Battista Alberti

AKL

Allgemeines Künstlerlexikon. Die bildenden Künstler aller Zeiten und Völker, München/Leipzig 1992–2012, 73 Bde.

Alberti, Ed. Bartoli

Alberti, Leon Battista : *L'architettura di Leonbatista Alberti tradotta in lingua fiorentina da Cosimo Bartoli*, Venedig 1565 (Erstausgabe Florenz 1550), Fotomech. Nachdr. Florenz 1973.

Alberti, Ed. Bätschmann/Gianfreda

Alberti, Leon Battista: *Über die Malkunst. Della pittura*, hg. v. Oskar Bätschmann u. Sandra Gianfreda, Darmstadt 2002.

Alberti, Ed. Orlandi/Portoghesi

Alberti, Leon Battista: *L'architettura*, hg. v. Giovanni Orlandi u. Paolo Portoghesi, Mailand 1966, 2 Bde.

Alberti, Ed. Tauber

Alberti, Leon Battista: *Vita. Lateinisch-deutsch*, hg. v. Christine Tauber, Frankfurt a. M./ Basel 2004.

Barocchi, *Scritti*

Barocchi, Paola (Hg.): *Scritti d'arte del Cinquecento*, Mailand 1971–1977, 3 Bde.

Bettarini/Barocchi, *Vite*

Bettarini, Rosanna/Barocchi, Paola (Hgg.): *Giorgio Vasari. Le vite de' più eccellenti pittori, scultori e architettori nelle redazioni del 1550 e 1568*, Florenz 1966–1987, 6 Bde.

DBI

Dizionario Biografico degli Italiani, hg. v. Istituto della Enciclopedia Italiana, Rom 1960–2011, 75 Bde.

Thieme/Becker

Allgemeines Lexikon der bildenden Künstler von der Antike bis zur Gegenwart, hg. v. Ulrich Thieme u. Felix Becker, Leipzig 1907–1950, 37 Bde.

Turner 1996

Turner, Jane (Hg.): *The Dictionary of Art*, London/New York 1996, 34 Bde.

Vasari, Ed. Mancini
Giorgio Vasari. Vite cinque annotate, hg. v. Girolamo Mancini, Florenz 1917.
Vasari, *Einführung*
Giorgio Vasari. Einführung in die Künste der Architektur, Bildhauerei und Malerei, hg., eingel. u. komm. v. Matteo Burioni, 2. Aufl., Berlin 2012.

Benigni/Cardini/Regoliosi 2007
Corpus Epistolare e Documentario di Leon Battista Alberti, hg. v. Paola Benigni, Roberto Cardini u. Mariangela Regoliosi, Florenz 2007.
Borsi 1982
Borsi, Franco: *Leon Battista Alberti. Das architektonische Werk*, Stuttgart/Zürich 1982.
Boschetto 2000
Boschetto, Luca: *Leon Battista Alberti e Firenze*, Florenz 2000.
Bulgarelli 2006
Bulgarelli, Massimo: ›Leon Battista Alberti a Firenze: 'stabili e irrequiete' le facciate di palazzo Rucellai e di Santa Maria Novella‹, in: *Casabella*, 2006, Bd. LXX, H. 747, S. 44–55.
Bulgarelli 2008
Bulgarelli, Massimo: *Leon Battista Alberti 1404–1472. Architettura e storia*, Mailand 2008.
Burioni 2008
Burioni, Matteo: *Die Renaissance der Architekten. Profession und Souveränität des Baukünstlers in Giorgio Vasaris Viten*, Berlin 2008.
Burioni 2011
Burioni, Matteo: ›Begründungen des Gemeinwesens. Performative Aspekte frühneuzeitlicher Palastfassaden‹, in: Andreas Beyer, Matteo Burioni und Johannes Grave (Hgg.): *Das Auge der Architektur. Zur Frage der Bildlichkeit in der Baukunst*, München 2011, S. 288–319.
Burns 1999
Burns, Howard: ›Antike Monumente als Muster und Lehrstücke: Zur Bedeutung von Antikenzitat und Antikenstudium für Albertis architektonische Entwurfspraxis‹, in: Kurt W. Forster/Hubert Locher(Hgg.): *Theorie der Praxis*, Berlin 1999, S. 129–155.

Calzona 2008

Calzona, Arturo: ›Leon Battista Alberti e l'architettura. Un rapporto complesso‹, in: *La vita e il mondo di Leon Battista Alberti.* Atti del convegno internazionale del Comitato Nazionale VI Centenario della Nascita di Leon Battista Alberti, Genova, 19–21 febbraio 2005, Florenz 2008, Bd. II, S. 471–515.

Falcioni 2007

Falcioni, Anna: ›Sigismondo Pandolfo Malatesta‹, in: DBI, 2007, Bd. LXVIII, S. 107–114.

Frommel 2009

Frommel, Christoph Luitpold: ›La progettazione di palazzo Rucellai‹, in: Arturo Calzona/Joseph Connors/Francesco Paolo Fiore/Cesare Vasoli (Hgg.): *Leon Battista Alberti. Architetture e committenti,* Florenz 2009, Bd. I, S. 49–80.

Fubini 1968

Fubini, Riccardo: ›Flavio Biondo‹, in: DBI, 1968, Bd. X, S. 536– 559.

Grafton 2001

Grafton, Anthony: *Leon Battista Alberti. Master Builder of the Italian Renaissance,* London 2001.

Hope 1992

Hope, Charles: ›The Early History of the Tempio Malatestiano‹, in: *Journal of the Courtauld and Warburg Institutes,* 1992, Bd. LII, S. 51–154.

Kat. Mantua 2006

Leon Battista Alberti e l'architettura, hg. v. Massimo Bulgarelli, Arturo Calzona, Matteo Ceriana u. Francesco Paolo Fiore, Ausst.-Kat. Casa del Mantegna, Mantua, Mailand 2006.

Kemp 1974

Kemp, Wolfgang: ›Disegno: Beiträge zur Geschichte des Begriffs zwischen 1547 und 1607‹, in: *Marburger Jahrbuch für Kunstwissenschaft,* 1974, Bd. XIX, S. 219–240.

Kent 1981

Kent, Francis William: *Giovanni Rucellai ed il suo Zibaldone II. A Florentine Patrician and His Palace,* London 1981.

Kittler 2001

Kittler, Friedrich: ›Perspective and the Book‹, in: *Grey Room,* 2001, Bd. V, S. 38–53.

Magnuson 1958

Magnuson, Torgil: *Studies in Roman Quattrocento Architecture,* Stockholm 1958.

Mancini 1911

Mancini, Girolamo: *La Vita di Leon Battista Alberti,* Florenz 1911.

Naujokat 2006
Naujokat, Anke: *Pax et concordia: das Heilige Grab von Leon Battista Alberti als Memorialbau des Florentiner Unionskonzils 1439–1443*, Freiburg 2006.
Preyer 1981
Preyer, Brenda: ›The Rucellai Palace‹, in: Francis W. Kent (Hg.): *Giovanni Rucellai ed il suo Zibaldone II. A Florentine Patrician and His Palace*, London 1981, S. 155–228.
Schwartz 2009
Schwartz, Frithjof: *Il bel cimitero: Santa Maria Novella in Florenz 1279–1348. Grabmäler, Architektur und Gesellschaft*, Berlin 2009.
Tafuri 1987
Tafuri, Manfredo: ›'Cives esse non licere': The Rome of Nicholas V and Leon Battista Alberti: Elements toward a Historial Revision‹, in: *Harvard Architecture Review*, 1987, Bd. VI, S. 61–76.
Thoenes 1999
Thoenes, Christof: ›Postille sull'architetto nel 'De re aedificatoria'‹, in: *Leon Battista Alberti: architettura e cultura.* Atti del convegno internazionale, Mantua, 15–19 novembre 1994, Florenz 1999, S. 27–32.
Westfall 1974
Westfall, Carrol William: *In This Most Perfect Paradise: Alberti, Nicholas V, and the Invention of Conscious Urban Planning in Rome 1447–1455*, University Park 1974.
Wohl 1996
Wohl, Helmut: ›Nicholas V‹, in: Turner 1996, Bd. XXIII, S. 96–97.

Daten zu Leben und Werk Leon Battista Albertis

18. 2. 1404	Geburt Leon Battista Albertis als zweiter, illegitimer Sohn von Lorenzo Benedetto Alberti und Bianca Fieschi in Genua
1416–1418	Besuch der Humanistenschule von Gasparro Barzizza in Padua
1424	Alberti verfaßt die lateinische Komödie *philodoxeus fabula.*
11. 5. 1426	Alberti tritt als Zeuge vor Gericht in Bologna auf. Studium der Rechte an den Universitäten Bologna und Padua
1431	Alberti erhält San Martino di Ganalandi als Benefiz von Papst Eugen IV. und wird Sekretär des Patriarchen von Grado und des Apostolischen Kanzlers Biagio Molin.
1432	Durch eine päpstliche Bulle befreit Papst Eugen IV. Alberti vom Makel der illegitimen Geburt.
5. 12. 1433	Alberti bewirbt sich um eine Anstellung bei Kardinal Francesco Condulmer.
1433–1434	Abfassung der ersten drei Bücher des Traktats *Della famiglia*, das vierte Buch wird 1441 geschrieben.
17. 7. 1436	Alberti hält sich im Gefolge des Papstes Eugen IV. in Florenz auf und widmet die italienische Version von *De Pictura* Filippo Brunelleschi.
1438–1440	Alberti folgt wahrscheinlich dem Ruf des Papstes nach Ferrara zum Unionskonzil der römischen und byzantinischen Kirche und zeichnet eigenhändig einen Familienstammbaum der Familie Alberti. Vor 1440 verfaßte Alberti seine *Autobiographie*, die *Profugiorum ab aerumna libri III* sowie die *Ludi Matematici.*
1441	Organisation des Dichterwettstreits Certame Coronario in Florenz und Niederschrift des *Teogonio* und des *De equo animante* für Leonello d'Este.
1442	Beratertätigkeit für Leonello d'Este bezüglich des Denkmals Niccolò III. und des Campaniles von Ferrara
1446	Auftrag von Kardinal Prospero Colonna, die römischen Schiffe vom Grund des Lago di Nemi zu bergen
1447	Pontifikat Nikolaus' V., Tommaso Parentucelli, eines alten Freundes Albertis. Abfassung der *Descriptio urbis Romae.*

1447–1450 Umbaumaßnahmen und Erweiterungen des Palazzo Rucellai in Florenz. Möglicherweise errichtete Alberti zu diesem Zeitpunkt die ersten fünf Travéen der Fassade. Abfassung der satirischen Schrift *Momus oder vom Fürsten* und Beginn der Niederschrift des Architekturtraktats *De re aedificatoria.*

7. 12. 1449 Alberti erhält von Papst Nikolaus V. das Benefiz von San Lorenzo al Borgo im Mugello.

1453 Alberti schildert in einer Nikolaus V. gewidmeten Schrift (*De Porcaria coniuratione*) den Aufstand des römischen Patriziers Stefano Porcari gegen den Papst.

18. 11. 1454 Brief Albertis an Matteo de' Pasti mit Anweisung zur Gestaltung der Fassade von San Francesco in Rimini.

10. 4. 1456 Brief Albertis an Cosimo de' Medici wegen eines Tauschs von Landbesitz in der Umgebung von Florenz.

1457 Baubeginn der Heiliggrabkapelle in San Pancrazio in Florenz. Fortsetzung der Arbeiten an der Fassade des Palazzo Rucellai.

13. 12. 1459 Lodovico Gonzaga bittet Alberti um ein Vitruv-Manuskript. Alberti befindet sich mit Papst Pius II. Piccolomini beim Fürstenkongreß (Dietà) in Mantua.

27. 2. 1460 Alberti erwähnt in einem Brief an Lodovico Gonzaga Entwürfe für San Sebastiano und San Lorenzo in Mantua sowie für ein Vergil-Denkmal. Einzig der Entwurf für San Sebastiano wurde ausgeführt.

1466 Alberti schreibt ein Traktat über eine Geheimschrift, *De componendis cifris*, und erwähnt darin den Buchdruck.

1470 Fertigstellung der Fassade von Santa Maria Novella für Giovanni Rucellai. In einem Brief an Lodovico Gonzaga kritisiert Alberti das Modell von Antonio di Manetto Chiaccheri für den Neubau von Sant'Andrea in Mantua und schlägt einen Kirchenbau in Form eines etruskischen Tempels (*Etruscum sacrum*) vor. Erwähnung Leon Battista Albertis in den Bauakten für den Chor von Santissima Annunziata in Florenz

1471 Alberti führt Lorenzo de' Medici, Bernardo Rucellai und Donato Acciaiuoli durch das römische Forum.

19. 4. 1472 Alberti verfaßt sein Testament in Rom. Er stirbt wohl noch im April 1472.

Die Daten sind folgenden Publikationen entnommen: Mancini 1911; Boschetto 2000; Grafton 2001; Benigni/Cardini/Regoliosi 2007.

Bedeutende Werke Leon Battista Albertis

Bauten in Italien

Florenz
- Heiliggrabkapelle, San Pancrazio
- Palazzo Rucellai, Fassade
- Santa Maria Novella, Fassade
- Santissima Annunziata, Rotunde

Mantua
- San Sebastiano
- Sant'Andrea

Rimini
- San Francesco

Werke in Sammlungen

Washington, National Gallery of Art
- Selbstbildnisplakette

Die Edition Giorgio Vasari

Giorgio Vasari
Lebensläufe der hervorragendsten Künstler

Bereits erschienen:

Kunsttheorie und Kunstgeschichte • Parmigianino • Raffael • Pontormo • Sebastiano del Piombo • Rosso Fiorentino • Giorgio Vasari. Mein Leben • Tizian • Giulio Romano • Andrea del Sarto • Steinschneider, Glas- und Miniaturmaler • Leonardo da Vinci • Einführung in die Künste der Architektur, Bildhauerei und Malerei • Sodoma und Beccafumi • Die Bildhauer des Cinquecento • Sansovino und Sanmicheli mit Ammannati, Palladio und Veronese • Bramante und Peruzzi • Die Künstler der Raffael-Werkstatt • Giorgione, Correggio, Palma il Vecchio und Lorenzo Lotto • Piero Di Cosimo, Fra Bartolomeo und Mariotto Albertinelli • Perino del Vaga • Montorsoli und Bronzino sowie die Künstler der Accademia del Disegno • Francesco Salviati und Cristofano Gherardi • Daniele da Volterra und Taddeo Zuccaro • Baccio Bandinelli • Michelangelo • Die Sangallo-Familie • Sandro Botticelli, Filippino Lippi, Cosimo Rosselli und Alesso Baldovinetti • Tribolo und Pierino da Vinci • Mantegna und Bellini • Jacopo della Quercia, Niccolò Aretino, Nanni di Banco und Luca della Robbia • Masolino, Masaccio, Gentile da Fabriano und Pisanello • Perugino und Pinturicchio • Lorenzo Ghiberti • Lippi, Pesello und Peselli, Castagno, Veneziano und Fra Angelico • Andrea del Verrocchio und die Gebrüder Pollaiuolo

In Vorbereitung

Bernardo und Antonio Rossellino, Giuliano da Maiano, Benedetto da Maiano sowie Desiderio da Settignano • Paolo Uccello, Piero della Francesca, Antonello da Messina und Luca Signorelli • Domenico Ghirlandaio und Gherardo Miniatore • Donatello und Michelozzo • Sieneser Maler • Cimabue, Giotto und Cavallini • Bildhauer und Architekten des Duecento und des Trecento • Künstler des Trecento

Wenn Sie über den Fortgang der Edition Giorgio Vasari informiert werden wollen oder an einer Fortsetzungs-Bestellung interessiert sind, fragen Sie uns: vertrieb@wagenbach.de

Verlag Klaus Wagenbach Emser Str. 40/41 10719 Berlin www.wagenbach.de

Kunstgeschichte bei Wagenbach

Horst Bredekamp *Michelangelo*

Fünf Essays

Horst Bredekamps unkonventioneller Blick heftet sich nicht nur auf die Skulpturen, Gemälde und Bauwerke Michelangelos, sondern auch auf die Wendungen im Leben des Meisters, der mehrmals auf der Flucht vor seinen mächtigen Auftraggebern war.

Kleine Kulturwissenschaftliche Bibliothek. 112 Seiten
Gebunden mit aufgeklebtem Schildchen und vielen, teils farbigen Abbildungen

Wolfgang Ullrich *Raffinierte Kunst*

Übung vor Reproduktionen

Längst spielen Reproduktionen eine viel größere Rolle im Umgang mit Kunst als die Originale. Ullrich erklärt, wie es dazu kam und warum das so ist: Sein Buch ist eine ziemlich unverhohlene Hommage auf das Reproduktionswesen. Der Begriff »raffiniert« bedeutet wörtlich »verfeinert, geläutert«, aber auch »listig«. In diesem Sinne plädiert Ullrich für Reproduktionen als »raffinierte Kunst«, während er den Kult um das Original für unproduktiv und anachronistisch hält.

Kleine Kulturwissenschaftliche Bibliothek. 160 Seiten
Gebunden mit aufgeklebtem Schildchen und vielen, teils farbigen Abbildungen

Ernst Gombrich *Schatten*

Ihre Darstellung in der abendländischen Kunst

Ernst H. Gombrich, Kunsthistoriker in der Nachfolge Aby Warburgs, lädt zu einem Gang durch die Kunst der Schatten ein: Anhand vieler Beispiele – von antiken Mosaiken über Gemälde Holbeins, Caravaggios und Turners bis zu Photographien von Henri Cartier-Bresson – geht er dem erstaunlichen Phänomen nach, dass Künstler zwar schon immer Licht und Schatten modellierten, ihren Gegenständen aber nur relativ selten gestatteten, einen eigenen Schatten zu werfen.

Aus dem Englischen von Robin Cackett. *SVLTO.* 96 Seiten
Rotes Leinen. Fadengeheftet mit sehr vielen, teils farbigen Abbildungen

Erik Wegerhoff *Das Kolosseum*

Bewundert, bewohnt, ramponiert

Ehe sich das Kolosseum als archäologisch abgezirkelte, gesäuberte Ruine präsentierte, war es jahrhundertelang bewohnt: von römischen Adligen, später von einem Eremiten und schließlich von zahllosen Pflanzen. Die Geschichte eines der bekanntesten Bauwerke der Welt. Reich illustriert!

240 Seiten. Gebunden mit Schildchen und Prägung und vielen Abbildungen

Roberto Longhi *Masolino und Masaccio*

Mit seiner Studie über die Renaissancemaler Masolino und Masaccio wurde Roberto Longhi in Deutschland bekannt. Er widmet sich darin vor allem den Freskenmalereien der Brancacci-Kapelle in Florenz von 1424/25. Longhi klärte auch das Lehrer-Schüler-Verhältnis: Obwohl eine Generation jünger als Masolino, wurde Masaccio zum eigentlichen Meister, auf den alle revolutionären Neuerungen zurückgehen.

Mit einer Einleitung von Andreas Beyer
WAT 651. 288 Seiten mit zahlreichen, teils farbigen Abbildungen

Andreas Beyer *Andrea Palladio, Teatro Olimpico*

Triumpharchitektur für eine humanistische Gesellschaft

Der Italienreisende Goethe war äußerst verblüfft über das von außen unauffällige, innen aber höchst beeindruckende Teatro Olimpico, er fand es »unaussprechlich schön«. Der Palladio-Kenner Andreas Beyer betrachtet das Theater mit heutigen Augen.

WAT 625. 96 Seiten mit zahlreichen Abbildungen

Wir danken dem Ministero degli Affari Esteri für die freundliche Unterstützung dieses Buches.

EDITION GIORGIO VASARI
Deutsche Erstausgabe

 Umschlaggestaltung Julie August unter Verwendung eines Porträts Filippo Brunelleschis von seinem Grabepitaph in Santa Maria del Fiore, Florenz. Gesetzt aus der Bembo von der Offizin Götz Gorissen, Berlin. Reproduktionen: Kunsthistorisches Institut, Florenz/MEDIENPROFIS LEIPZIG. Vorsatzpapier von Schabert, Strullendorf. Gedruckt auf chlor- und säurefreiem Papier (Schleipen Fly) und gebunden von der Druckerei Pustet in Regensburg. Printed in Germany.

ISBN 978 3 8031 5056 1